MÉMOIRES

POUR SERVIR A L'HISTOIRE

DE SON ALTESSE ROYALE

MONSEIGNEUR LE DUC DE BERRY.

IMPRIMERIE DE P. GUEFFIER.

MÉMOIRES

POUR SERVIR A L'HISTOIRE

DE SON ALTESSE ROYALE

MONSEIGNEUR LE DUC DE BERRY;

CONTENANT

Des détails sur sa vie et sur l'horrible assassinat dont il a été la victime ; et des Anecdotes peu connues qui font l'éloge de ses rares qualités et de la bonté de son cœur.

Il fut aimé, voilà sa grandeur véritable.

PAR M. G****, ex-Officier d'infanterie.

PARIS,

CHEZ P. PLANCHER, A LA LIBRAIRIE POLITIQUE,

RUE POUPÉE, N°. 7.

1820.

ÉPITRE AU ROI.

Permettez, ô Grand Roi ! qu'en ce jour les Neuf-Sœurs
Déplorent l'attentat qui fait couler vos pleurs.
BERRY vient de tomber sous un fer parricide !
Le fil de ses beaux jours tranché par un perfide,
A plongé vos enfans, les Français, dans le deuil;
Ils viennent avec vous gémir sur son cercueil....
Les maux sont plus légers sitôt qu'on les partage.
Puisse de notre cœur le douloureux hommage
Adoucir vos chagrins ! c'est notre unique espoir.
Hélas ! nous voudrions calmer le désespoir
De cette Épouse auguste et trop infortunée
Qui vit dans un instant les Roses d'hyménée,
Se flétrir, se changer en funèbres cyprès,
Par le plus inoui, le plus grand des forfaits !
O nuit ! devais-tu donc prêter ton voile sombre
A ce monstre ! à *Louvel !* le couvrir de ton ombre !...
Détournons nos regards de cet affreux tableau,
Mais pour les arrêter sur ce Royal berceau,
Qui renferme des Lys une tige sacrée.
O pur sang des Bourbons ! ô Famille adorée !
Descendans des Capets, des Louis, des Henri,
Vous ne périrez point : le généreux BERRY
Va renaître bientôt dans un autre lui-même.
Telle est, n'en doutons point, la volonté suprême
De ce Dieu qui vous a su rendre à nos désirs.
Grand Roi ! séchez vos pleurs. Vous, calmez vos soupirs,
Noble fille des Rois, sensible Caroline,

Vous perdez un époux ; mais le Ciel vous destine
A donner à la France un de ses meilleurs Rois ,
Dont elle bénira les vertus et les lois ;
Il sera digne en tout de ses illustres pères.
Guidé par ces penchans qui sont héréditaires ,
A faire des heureux il mettra son bonheur ;
Et pour réaliser cet augure flatteur,
C'est Louis qu'il prendra chaque jour pour modèle.
Que dis-je ? Ah ! que des dieux la justice éternelle
Veille sur ses destins et lui donne à jamais
Un règne dont le cours égale ses bienfaits !

MÉMOIRES

POUR SERVIR A L'HISTOIRE

DE SON ALTESSE ROYALE

MONSEIGNEUR LE DUC DE BERRY.

Les Rois, ou les Princes destinés à l'être, ces demi-dieux, ces législateurs de la terre, que la Providence met sur le trône pour la remplacer et faire le bonheur des hommes, quoique formés en apparence comme nous, ont une essence particulière qui les anime, et il n'est pas permis d'en douter lorsqu'on les voit frappés par ces malheurs ou ces calamités qui affligent trop souvent l'humanité.

Ils trouvent dans leur âme une force de caractère, une énergie qui, sans rien leur enlever de cette sensibilité à laquelle on doit de si grandes et de si douces jouissances, leur fournit les moyens d'opposer aux plus cruels revers une fermeté qui a quelque chose de surnaturel.

Tel est l'exemple que peut fournir l'auguste famille qui nous gouverne ! de combien d'ac-

tions héroïques, de quelles vertus les Bourbons n'offrent-ils pas le modèle ! Je n'irai point
chercher des preuves dans les annales de l'histoire, dans des faits déjà éloignés de nous.
L'événement du 13 février, si récent et si funeste, n'est-il donc pas suffisant ? Louis XVIII,
notre Roi ; Monsieur, S. A. R. Madame, le
duc d'Angoulême, nous ont commandé l'admiration, l'amour, le respect, ont excité dans
nos âmes attendries la douleur la plus vive et la
mieux sentie ; mais à quel haut degré la victime
de l'horrible attentat, le duc de Berry, n'a-t-il
pas poussé l'héroïsme ! La grandeur d'âme et les
sentimens les plus généreux, tout ce qui est
beau, élevé, sublime, digne du Dieu dans le sein
duquel il allait s'élancer, semblait être de son
ressort ; il en avait contracté l'habitude sans
effort pendant sa trop courte existence. Il a
su vaincre, surmonter les douleurs les plus
affreuses, les souffrances les plus horribles, et
les tourmens plus cruels encore que lui faisait éprouver la certitude de quitter pour
jamais des êtres qui lui étaient si chers ; il s'est
commandé à lui-même pour consoler, encourager ceux qui entouraient son lit de mort, et
dont les sanglots, les angoisses et le désespoir
attestaient l'amour, l'amitié, la tendresse, le
respect et la reconnaissance. Il semblait leur

dire : Vous me plaignez ! quelle erreur ! c'est à moi à déplorer votre sort, vous êtes destinés à me survivre.

Où trouvait-il donc ces ressources consolantes, inconnues au commun des hommes ? Dans une vie sans reproche, dans cette foule de belles et bonnes actions qui honorent sa vie, et ajouteront à la gloire déjà répandue sur sa mémoire. Tel est le privilége accordé à la vertu.

O vous ! qui enviez le sort des grands, considérez le duc de Berry, réfléchissez sur sa destinée. Il jouissait, direz-vous, de toutes les faveurs, de tous les dons de la fortune. Mais quel noble et touchant emploi il en faisait ! dans quelles classes de la société n'a-t-il pas fait des heureux ?

Quel concert unanime de bénédictions et de regrets ! que de larmes ont arrosé sa tombe ! et voilà tout le prix qu'il en a reçu : un poignard guidé par le plus lâche, le plus forcené, le plus exécrable des monstres, a percé ce cœur, l'asile de toutes les vertus. Ah ! je vous le demande, à vous Français, à vous tous qui êtes dignes de ce beau titre, de ce nom glorieux, qui d'entre vous ne voudroit acheter sa vie au prix de sa mort ? Eh bien ! connaissez ce Prince, et que vos regrets soient immortels comme ses vertus ; il ne voudrait pas revivre s'il fallait renoncer au bien qu'il a pu faire. Tels sont les Bourbons ; tel était ce Prince dont je vais esquisser la vie. Un écrivain célèbre , un homme de génie , digne de mon Héros , tracera ce tableau en grand ; alors il sera l'orgueil de notre âge et de la postérité celui dont les actions , dont les moindres paroles acquerront un nouveau lustre par ce style animé et brillant qui entraîne et charme le lecteur.

C'est ainsi que l'immortel auteur de *Télémaque* savait faire aimer la vertu, donnait des leçons aux Rois, en leur enseignant le grand art de régner et de rendre les peuples heureux par la justice , en mettant en vigueur ces lois qui sont la sauve-garde des bons et la terreur des méchans. Les premiers y trouvent un appui contre l'arbitraire et l'oppression ; les seconds , le juste châtiment de leurs fautes et de leurs crimes.

C'est sous ces traits qu'il montre Sésostris régnant par lui-même , et ramenant l'âge d'or sur les rives fortunées et fertiles du Nil ; il mourut, et son fils Bocchoris, écoutant la voix de la flatterie , s'abandonnant à de lâches , à de perfides conseils, fit oublier par ses vices qu'il était le fils du plus vertueux des pères , du plus sage et du meilleur des Rois ; il s'aliéna le cœur de ses peuples , et bientôt les maux qu'entraîne la guerre, et les fléaux qui en sont la suite, vinrent affliger ses sujets ; ils furent les victimes de son orgueil et de son inexpérience.

Le duc de Berry ne se fût point rendu coupable de ces funestes erreurs, sa mort nous dit assez quelle eût été sa vie. S'il était né dans le palais des Rois, auprès du trône, si son berceau avait été entouré de tous les prestiges de la grandeur, son enfance et sa jeunesse s'étaient passées pour ainsi dire à l'école de l'adversité ; et s'il n'en avait pas été entièrement atteint, il en avait vu sous ses yeux les funestes effets : de telles leçons n'avaient point été perdues pour lui ; il ne dédaignait pas d'entrer dans la cabane du pauvre, de porter des consolations dans l'asile de la misère ; et voilà ce qui forme les bons Rois.

Quand je n'y serai plus on verra ce que je vaux, disait Henri IV, le meilleur et le plus grand des rois, quelque temps avant sa mort.

Ces paroles peuvent se rapporter au petit-fils de ce bon prince, qu'un autre *Ravaillac* vient d'enlever à la France. En faisant cette application, je ne crains pas d'être contredit, jamais citation ne fut plus appropriée au sujet, tous mes lecteurs seront de mon avis.

Henri IV paya le tribut attaché à l'espèce humaine, il eut quelques faiblesses ; mais tant de vertus le distinguaient, que, lors même que le sang le plus illustre et le plus pur n'eût pas coulé dans ses veines, il n'eût pas été un homme ordinaire. Tel était le duc de Berry. Si comme Henri le Grand il n'avait point encore triomphé dans cent combats, s'il n'avait point encore gouverné, régné avec autant de sagesse que de bonté, le temps nous l'eût montré, tel qu'Henri IV est offert aux siècles à venir, comme le modèle des bons rois. Sa figure brillait de cette franchise, de cette loyauté, de cette *bonhomie* auguste que l'on adore dans son illustre aïeul; ces précieuses qualités se découvraient au premier coup d'œil chez le prince sur la tombe duquel je vais jeter quelques fleurs; et tout homme qui aura vu S. A. R. le duc de Berry, ou qui arrêtera ses regards sur son image, dira que ce prince.

.... N'a trait en son visage ,
Qui d'un homme de cœur ne soit la haute image.

Ces deux vers échappés au génie de Corneille peuvent servir d'inscription au portrait de tous les Bourbons.

Famille auguste et révérée, vous gémissez ; votre cœur est nâvré de la douleur la plus profonde, un fils est ravi à la tendresse de deux pères, à l'amitié fraternelle, à l'amour conjugal ; un enfant encore au berceau balbutiera le doux nom de père sans que jamais ce mot si flatteur, si délicieux à entendre, frappe l'oreille du prince généreux si digne de l'entendre.

Aimable enfant, tu ne pourras adresser les expressions de ton respect, de ton amour filial, qu'à l'image de celui qui t'a légué l'exemple de ses vertus et de sa bonté. Sur les genoux de ton auguste mère tu essuyeras de tes faibles mains les larmes que fera couler un cruel et déchirant souvenir, tu calmeras par tes caresses et le sourire de l'innocence l'amértume de ses chagrins. Ah ! puisse-t-elle trouver en toi un allègement à des maux, à des tourmens que le temps voudrait en vain effacer !

D'un meilleur monde où repose l'auteur de tes jours, dans cet asile réservé aux justes et aux hommes qui, comme lui, n'ont laissé après eux que la mémoire de leurs bonnes actions, ses mânes tressailleront en songeant que le digne sang des Bourbons coule dans tes veines ; son ombre quittera le séjour du bonheur pour revenir quelquefois errer près de ceux qui lui furent chers. Il entendra vos entretiens, son nom s'y mêlera, et vous vous consolerez en pensant qu'il est à l'abri de tous les coups du sort, et qu'il est réuni à ceux que vous regrettiez déjà, pour veiller sur les destinées de la France.

Princes, qui commandez à nos cœurs l'amour, le respect et la reconnaissance innés pour vous chez tous les Français, quel spectacle plus digne de vos grandes âmes doit adoucir vos regrets! Entourés d'un peuple bon et généreux, des heureux que vous avez faits et que vous faites à chaque instant, puissent les jours que vous accordera l'avenir être aussi fortunés que ceux que nous vous devrons!

Vous avez été frappés dans vos plus chères affections, vous avez épuisé pour ainsi dire la coupe de l'adversité; mais la Providence, en vous éprouvant ainsi, a voulu nous montrer que si vous étiez au-dessus du reste des humains par votre rang, vous l'étiez encore bien plus par cette force d'âme, cette grandeur et ces vertus qui vous caractérisent.

Que ne puis-je m'élever à la hauteur de mon sujet! Que n'ai-je un génie égal aux qualités éminentes qui distinguent les fils de Saint Louis, de Louis XII et d'Henri IV! Quel exemple vient de nous en donner ce prince qu'un fer assassin a fait descendre dans la tombe! L'âme d'un homme de bien est une source inépuisable d'héroïsme, de force et d'énergie. Il se livrait avec abandon aux plaisirs si simples et si purs de l'amitié, de la familiarité, près de son épouse adorée et de ses fidèles serviteurs qui l'entouraient : il jouissait de ce charme que donne la vie privée. Aux doux sons de l'harmonie suc-

cèdent tout-à-coup des cris funèbres ; aux expressions de la joie, des accens de terreur ; sa
tombe s'entr'ouvre, les roses du bonheur s'ef-
feuillent, et tombent pour faire place aux tristes
cyprès. Le sourire de la joie qui brillait naguère
sur ses lèvres est remplacé par un frémissement
convulsif, funeste avant-coureur du trépas.
Un poignard perce ce cœur si généreux dont
les derniers mouvemens, les dernières palpi-
tations sont pour implorer la grâce de son
assassin : et son âme si noble, avant de s'élancer
dans le sein d'un Dieu, seul digne de la posséder, ne s'arrête que pour accroître nos regrets
et les rendre éternels !!! Comment s'en étonner!
n'est-ce donc pas un Bourbon !!!

Mânes augustes, pardonnez si j'ose m'unir
à tant de voix bien plus éloquentes qui vous
célèbrent ! Lorsque vous existiez il n'y avait
point de rang à vos yeux, vous ne voyiez
que des Français pour dispenser vos bienfaits. Ce simple hommage, rendu à votre mémoire par un homme obscur, vous fera encore
sourire de cet air de bonté qui n'appartenait
qu'à vous. Votre nom, placé à la tête de cet
ouvrage, lui donnera un degré d'intérêt que
le talent ne pourrait prêter à tout autre sujet ;
et le lecteur, qui verra qu'il est question de
S. A. R. le duc de Berry, se sentira poussé par

la curiosité et l'enthousiasme ; et n'eussé-je fait que répéter ce que les autres ont déjà dit, pour me servir d'une expression d'Henri IV, les Français sont affamés de tout ce qui vous rappellera à leur souvenir.

Après avoir lu ce faible opuscule, ils diront : la tombe est pour les hommes l'écueil des réputations, tous les prestiges du rang et de la naissance s'évanouissent ; la voix de la flatterie est éteinte, l'orgueil cesse, on ne peut survivre à soi-même que par de bonnes actions, tel est leur privilége ; et le prince que nous regrettons, le duc de Berry, est réellement plus grand depuis qu'il est ravi à notre amour, à notre respect, à notre admiration ! tant qu'il fut sur la terre il faisait le bien sans ostentation, pour le seul plaisir d'accroître le nombre des heureux ; il le taisait à lui-même, le cachait aux autres ; et si jeune encore, à la fleur de l'âge, l'éternité du tombeau s'en est emparée. Il n'est plus !... Quelle erreur ! il existera à jamais dans nos cœurs, dans notre souvenir : s'il a vécu trop peu pour la France, il acquit des siècles de gloire, et ils répéteront en chœur,

Transiit benefaciendo.

Je vais essayer d'offrir à mes lecteurs le tableau fidèle de la vie de ce prince, l'un des bienfaiteurs de l'humanité. Le cœur conduira notre plume, il a aussi son éloquence : puisse-t-elle, avec l'indulgence que nous sollicitons, devenir le prix de nos efforts et de notre travail !

CHARLES-FERDINAND, fils de France, second fils de S. A. R. MONSIEUR, comte d'Artois, naquit à Versailles le 24 janvier 1778. Il reçut en naissant le titre de duc de Berry, titre que Louis XVI, son oncle, avait porté comme lui, avant d'être Dauphin : ce nom, auquel semble attachée une cruelle fatalité, fut pour les deux princes qui l'ont porté une source de malheurs, et pour ceux qui les ont connus et appréciés, un motif de plus de les regretter. Le jeune prince montra, dès son bas âge, un caractère ardent, impétueux, mais plus facile encore à calmer. Il n'avait que onze ans quand la révolution éclata. Le comte d'Artois, son père, qui avoit défendu sans succès les droits de la monarchie et de l'ancienne constitution, se vit obligé de sortir de France avec le prince de Condé. La marche de la révolution devenant chaque jour plus rapide, le roi prit le parti, peu de temps après le départ du comte d'Artois, d'envoyer les ducs d'Angoulême et de Berry à Turin, où leur père s'était retiré, et où la comtesse d'Artois se rendit à-peu-près dans le même temps. Le duc de Berry se livra de nouveau à ses études interrompues par les premiers événemens de la révolution : M. le duc de Serent, gouverneur de LL. AA., continua de les diriger avec ce talent et cette sagacité qui le caractérisaient. Le jeune prince fit avec son auguste père la campagne de 1792, et retourna ensuite à Turin. En 1794, n'ayant encore que seize ans, il alla à Rastadt rejoindre l'armée du prince de Condé. En l'abordant il se jeta dans les bras du héros avec la plus touchante cordialité, et le prince, pour faire cesser l'embarras que causait au duc de Berry l'affluence d'officiers dont il se voyait entouré, et qui lui étaient presque tous inconnus, lui dit qu'il devait se mettre à son aise, en se trouvant au milieu de ses amis et de ses serviteurs. Il lui présenta ensuite les états-majors et des détachemens de toutes les compagnies de gentilshommes et officiers des corps soldés de son armée. Le duc de Berry adressa des paroles flatteuses à ceux que S. A. lui désigna comme ayant été blessés ou s'étant particulièrement distingués pendant la campagne précédente. Le prince de Condé le mena, quelques jours après, faire la visite des différens postes qu'il avait sur le bord du Rhin, et il lui donna les premières leçons de l'art de la guerre. Jamais un plus grand maître n'eut un élève plus digne de lui.

Dès ce moment, monseigneur le duc de Berry, vivant dans les camps, au milieu du bruit et du fracas des armes, y contracta ces manières franches et aisées, qui s'accordaient avec sa vivacité naturelle et faisaient ressortir davantage les excellentes qualités de son cœur : il se fit chérir du soldat, tout en se montrant rigide observateur de la discipline. S'il se livrait parfois à des brusqueries ou à des vivacités que son âge pouvait faire excuser, il était le premier à se repentir. Un jour il reprit avec aigreur un officier de l'armée : il ne tarda pas à reconnaître son tort, et le prenant à l'écart, il lui dit : « Monsieur, mon intention n'a pas » été d'insulter un homme d'honneur; ici je » ne suis point un prince, je ne suis comme » vous qu'un gentilhomme français; si vous » exigez des réparations, je suis tout prêt à » vous donner toutes celles que vous pourrez » désirer. »

En 1796, l'archiduc Charles faisoit le siége de Kell. Le duc de Berry, voulant profiter d'une occasion si favorable pour acquérir des connaissances dans ce genre d'opérations militaires, s'y rendit et y passa quelques jours. L'archiduc ne cessa de le traiter avec autant d'amitié que d'égards. Le duc suivit pendant huit jours les travaux du siége avec beaucoup d'assiduité.

La campagne de 1796 fut si brillante pour l'armée de Condé, que le Roi écrivit au prince une lettre, datée de Blankenbourg, le 5 janvier 1797, pour lui témoigner toute sa satisfaction et lui annoncer les récompenses dont il avait résolu d'honorer le courage et les services de ses braves. Sa Majesté écrivit en particulier à monseigneur le duc de Berry une lettre dont je donnerai ici l'extrait :

« C'est à vous, mon cher neveu, que je
» m'adresse pour faire connaître à ma brave
» cavalerie noble et soldée toute ma satisfac-
» tion de la conduite qu'elle a tenue et de la
» gloire qu'elle s'est acquise pendant cette
» campagne ; dites-le à tout ce corps en gé-
» néral et à chacun d'eux en particulier. Adieu,
» mon cher neveu, etc. etc....

» Signé LOUIS. »

Le prince fit parvenir sur-le-champ cet extrait au comte de Mellet, maréchal-de-camp, commandant le premier régiment de cavalerie noble ; la lettre dont il accompagna cette dépêche étoit conçue en ces termes :

« Je vous adresse, monsieur, l'extrait d'une
» lettre du Roi, que je viens de recevoir à
» l'instant ; je vous prie de la mettre à l'ordre
» du régiment que vous commandez. Ce seroit
» affoiblir un témoignage aussi flatteur des
» bontés du Roi, que d'y rien ajouter ; mais je
» vous prie de dire en mon nom, à tous mes-
» sieurs les gentilshommes, que je mets un
» véritable prix à la faveur que Sa Majesté
» m'a faite en me chargeant d'être son organe
» auprès d'eux. Je profite avec empressement
» de cette occasion, pour les assurer du bon-
» heur que j'aurais à combattre à leur tête,
» pour un si bon maître et pour une cause qu'ils
» défendent avec tant de gloire.

» Recevez particulièrement, monsieur, l'as-
» surance de mon estime et de mon amitié pour
» vous.

» *Signé* Charles-Ferdinand. »

Mulheim, ce 21 Janvier 1797.

Le duc de Berry resta à l'armée de Condé
jusqu'au mois d'octobre 1797, à cette époque
où ce corps ayant passé à la solde de la Russie,
se mit en marche pour y aller prendre ses
nouveaux cantonnemens. Des ordres du Roi,
reçus le 2 de ce mois, rappelèrent momenta-
nément le duc de Berry auprès de Sa Majesté

à Blankenbourg. Ce fut en cette occasion que ce Prince témoigna à l'armée de Condé tous les regrets qu'il avoit de s'en séparer. Je ne doute pas de l'émotion qu'éprouveront mes lecteurs en trouvant ici la lettre qu'il lui adressa; elle fera connaître, beaucoup mieux que je ne pourrais l'exprimer, les vrais sentimens d'un Prince qui alliait au plus haut degré la générosité et la bravoure.

« Après avoir été si long-temps au milieu
» et à la tête de la noblesse française, qui,
» toujours fidèle, toujours guidée par l'hon-
» neur, n'a pas cessé un instant de combattre
» pour le rétablissement de l'autel et du trône,
» il est bien affligeant pour moi d'être obligé
» de me séparer d'elle, dans le moment sur-
» tout où elle donne encore une nouvelle
» preuve d'attachement à la cause qu'elle a
» embrassée, en préférant abandonner ses
» biens et sa patrie, plutôt que de plier sa tête
» sous le joug républicain.

» Au milieu des peines qui m'affligent, j'é-
» prouve une véritable consolation, en voyant
» un souverain aussi généreux que S. M. l'em-
» pereur de Russie, recueillir et recevoir le
» dépôt précieux de cette noblesse malheu-
» reuse, en la laissant toujours sous la conduite
» d'un prince que l'Europe admire, que les

» bons Français chérissent, et qui m'a servi
» de guide et de père depuis trois ans que je
» combats sous ses ordres.

» Je vais rejoindre le Roi ; je ne lui parlerai
» pas du zèle, de l'activité et de l'attachement
» dont la noblesse française a donné tant de
» preuves dans le cours de cette guerre. Il
» connaît tous ses mérites et sait les appré-
» cier. Je me bornerai à lui marquer le vif
» désir que j'ai et j'aurai toujours, de re-
» joindre mes braves compagnons d'armes,
» et je les prie d'être bien persuadés que, quel-
» que distance qui me sépare d'eux, mon
» cœur leur sera éternellement attaché, et que
» je n'oublierai jamais les nombreux sacrifices
» qu'ils ont faits et les vertus héroïques dont
» ils ont donné tant d'exemples.

» *Signé*, CHARLES-FERDINAND. »

L'armée du prince de Condé étant passée au
service et à la solde de la Russie, le duc de Berry
fut nommé, par l'empereur Paul, colonel du
régiment noble à cheval, qui portait le nom
de Berry ; ce corps venait d'être formé des
deux régimens nobles à cheval, du corps des
chevaliers de la couronne, et de la compagnie
des volontaires nobles d'Etienne de Damas. Le
prince alla en prendre le commandement au

mois de décembre 1798, à Locatze, où était le chef-lieu. Ce fut peu après son arrivée que se passa l'événement dont je vais rendre compte.

L'armée du prince de Condé, en passant à la solde de la Russie, devait être soumise à la discipline et aux lois militaires de cette puissance. Un volontaire d'un des régimens, ayant commis une faute grave contre la discipline, fut puni suivant toute la rigueur du code russe. Le capitaine de la compagnie dont le coupable faisait partie, l'annonça à monseigneur le duc de Berry, sous les ordres duquel il était, se plaignit de la sévérité de la peine, et déclara qu'il ne pouvait se soumettre à une pareille discipline, qui blessait la délicatesse et l'honneur des militaires français; il offrit au prince sa démission. Monseigneur le duc de Berry garda la lettre et ne fit point de réponse. Le lendemain son corps se mit en marche. Le capitaine se trouva, comme à l'ordinaire, à la tête de sa compagnie. Quand on fut arrivé auprès d'un bois, monseigneur le duc de Berry fit faire halte, et appelant à lui cet officier, il l'emmena dans le bois hors de la vue du régiment. Il descendit alors de cheval, et le priant d'en faire autant, il lui demanda s'il était toujours dans la résolution de se démettre de son commandement. Le capitaine répondit affirmativement en se plaignant beaucoup de la dureté de la discipline russe. Le prince lui dit alors : « Mais vous voyez bien que moi je m'y soumets, pourquoi ne vous y soumettriez-vous pas aussi ? » L'officier réitéra ses plaintes et persista dans sa résolution. « Eh bien ! » dit le duc de Berry, « puisque vous voulez absolument vous démettre, mettez-vous en garde, » et il porta en même temps la main sur la poignée de son épée. Le capitaine, interdit et confus, se jeta aux pieds du prince, prit sa main qu'il arrosa de ses larmes, et ne sut comment lui exprimer son respect et sa soumission. « Je ne doute point de tous vos sentimens, » reprit le duc ; « mais prouvez-les-moi en vous soumettant comme moi. » L'officier jura une entière obéissance, et le duc le relevant avec bonté et attendrissement, l'embrassa, déchira sa lettre de démission, et ajouta : « Ne pensons plus à ce qui vient de se passer, et que le régiment ne s'aperçoive de rien. » Ils revinrent en effet, en se donnant le bras, rejoindre le corps, qui continua sa marche. Le duc de Berry n'avait alors que vingt ans. Il servit sous le maréchal russe Suwarrow, pendant tout le temps de la campagne en Italie. L'empereur de Russie ayant envoyé en 1800, au prince de Condé, la

grand'croix de l'ordre de Malte, le chargea
d'en décorer aussi le duc de Berry ; et dans le
même temps, sur la demande du Roi, il le
nomma à la place de grand-prieur de France ,
que le duc d'Angoulême avait laissée vacante
par son mariage.

Le corps de Condé passa pour la deuxième
fois à la solde de l'Angleterre. Le duc de Berry
partit pour Naples , afin d'y épouser la fille du
Roi , son mariage avec cette princesse ayant
été arrêté entre les deux souverains. Mais les
hostilités entre la France et l'Allemagne
ayant recommencé , le duc de Berry quitta
Naples pour aller à Aibling trouver le duc
d'Angoulême , et servir en qualité de volontaire
dans le régiment noble à cheval , dont ce
Prince avoit pris le commandement , et auquel il avoit donné son nom. Ayant appris à
Rome l'armistice conclu entre les armées , il
écrivit , le 30 juin , la lettre suivante au Prince
de Condé :

« La nouvelle de l'armistice m'a arrêté ici.
» N'ayant rien à faire à Palerme jusqu'au re-
» tour de la reine , j'ai obtenu du Roi la per-
» mission d'aller faire la campagne avec mon-
» sieur le Prince de Condé ; cela aurait été un
» grand bonheur pour moi de le voir ; je lui
» aurais demandé la permission de la faire

» comme volontaire avec mon frère ; je me
» faisais un bien grand plaisir de penser au
» moment où je pourrais me retrouver avec
» mes braves compagnons d'armes, auxquels
» je suis si attaché. Une nouvelle qui m'avait
» paru très-naturelle, car on disait que mon-
» sieur le duc d'Enghien avait fait des prodiges
» de valeur avec son régiment à Verderie,
» m'avait fait hâter encore plus mon départ de
» Naples ; et je ne faisois que de changer de
» chevaux ici, lorsque j'ai appris cet armistice.
» Nous attendons pour voir ce que cela de-
» viendra.

» Je prie monsieur le Prince de Condé d'être
» persuadé du vif regret que j'ai de n'avoir pas
» pu le joindre, et lui prouver le sincère et
» tendre attachement que ses bontés ont gravé
» dans mon cœur. »

Les circonstances le forcèrent bientôt d'aller
rejoindre son auguste père en Angleterre. En
1805, le roi de Suède, Gustave-Adolphe, s'a-
vança dans le Hanovre. Ce monarque voulait
franchement concourir au rétablissement des
Bourbons. Il désira que le duc de Berry vînt
commander dans ses armées. Le comte d'Artois
et le duc de Berry se mirent aussitôt en route
pour le quartier général de Gustave ; mais le
Hanovre ayant été évacué, la démarche de ces

Princes devint inutile, ils retournèrent en Angleterre. Le duc de Berry passa plusieurs années à Londres, d'où il fit de fréquentes visites à Hartwell, où S. M. Louis XVIII avait fixé sa résidence.

En 1813, des agens imprudens ou perfides parvinrent à persuader aux zélés partisans du Roi qu'il étoit possible de faire débarquer le duc de Berry sur les côtes de Normandie où il trouverait quarante mille Français rassemblés et armés pour la cause royale. Le Prince se livra à ce projet avec l'ardeur qu'une âme franche et courageuse pouvait mettre à tout ce qui est noble et généreux. Déjà on avait arrêté le vaisseau qui devait le transporter en France; mais on avait envoyé aux îles de Jersey et de Guernesey des serviteurs plus prudens, qui, après avoir vérifié l'état des choses, revinrent avertir le Prince que ce projet n'était qu'un piége que l'on tendait à sa loyauté, et il resta en Angleterre (1). Quelques mois plus tard, lorsque l'auguste famille des Bourbons fut rendue à la France, le duc alla lui-même à Jersey attendre une occasion favorable, et s'étant embarqué, le 12 avril 1814, sur le navire l'*Eurotas*, il

_____

(1) Ce fut le duc de R..... qui fit donner cet avis au prince.

descendit, le 13, au port de Cherbourg. Il reçut, en versant des larmes d'attendrissement, les officiers de terre et de mer chargés de le complimenter, et leur dit : « Chère France ! en la » revoyant mon cœur est plein des plus doux » sentimens ; nous n'apportons que l'oubli du » passé (1), la paix et le désir du bonheur des » Français. » De Cherbourg, le Prince alla à Bayeux, et sur toute sa route il ne répondit aux témoignages d'amour et aux acclamations de la population entière, que par ces mots : *Vivent les bons Normands* ! tant son cœur étoit ému, tant il se trouvait heureux de la joie que sa présence excitait. On lui présenta une personne qui avait autrefois servi sous ses ordres et qui lui demanda : « Serois-je » assez heureux, monseigneur, pour être re- » connu de votre Altesse Royale ? — Si je vous » reconnais, mon cher S..... ! lui répondit » le Prince, en s'approchant de lui et écartant » ses cheveux, ne portez-vous pas sur le front » la cicatrice honorable d'une blessure que » vous avez reçue à la bataille de.....? »

_____

(1) Son noble frère a dit ensuite, et souvent répété : « *Union et oubli.* » Français, qui déplorez la mort d'un digne fils de France massacré à la fleur de l'âge par un fer assassin, puissiez-vous bientôt jurer l'*oubli* et l'*union* sur le tombeau de ce dernier martyr !

S. A. R. passa la revue de la garde nationale et voulut se promener seule, à pied, au milieu du peuple qui se pressait autour d'elle ; dans ces momens d'épanchement mutuel entre le Prince et le peuple, le duc de Berry s'écria : *On n'est heureux qu'au milieu des siens !* Ce mot fut aussitôt répété par tous ceux qui l'entendirent, il vola de bouche en bouche, et chacun se plaisait à le redire. Le Prince sut qu'il y avait dans les environs de Bayeux un régiment encore égaré : il voulut, malgré les représentations qu'on lui fit, aller gagner cette troupe à la cause du Roi. Quand il fut arrivé à quelque distance du régiment, il envoya prier le commandant de lui prêter ses chevaux, parce que les siens étaient fatigués ; le commandant s'empressa de se rendre à ses désirs et se mit lui-même en chemin pour aller au-devant du Prince. Le duc de Berry lui parla avec sa bonté et sa franchise accoutumée, et l'officier lui offrit de le conduire auprès de sa troupe : « Braves » soldats, dit le Prince en abordant le régiment, » je suis le duc de Berry. Vous êtes le premier » régiment français que je rencontre ; je suis » heureux de me trouver au milieu de vous. » Je viens au nom du Roi, mon oncle, rece- » voir votre serment de fidélité, jurons en- » semble et crions *vive le Roi !* » Les soldats répondirent avec transport à cet appel, mais un cri de *vive l'Empereur !* s'étant fait entendre : « Ce n'est rien, dit le duc de Berry, c'est le » reste d'une vieille habitude; répétons encore » une fois *vive le Roi !* » Et cette fois le cri fut unanime. Le duc fit aussitôt distribuer une gratification aux soldats, et tous prirent la co- carde blanche. Les officiers entourant le Prince lui demandèrent la grâce de porter le nom de régiment de Berry : « J'en ferai la demande à » Sa Majesté, répondit-il, et je serai flatté » d'être le chef d'un corps dévoué à l'honneur » et au Roi. »

Arrivé le 15 à Caen, le duc de Berry publia la proclamation suivante :

« Français, le voilà donc arrivé ce jour de » bonheur et de gloire si long-temps désiré ! » De tous côtés des points de ralliement sont » offerts à votre courage et un appui à vos » malheurs : votre bon Roi est proclamé dans » sa capitale. Le drapeau blanc flotte à Paris » et dans plus de la moitié du royaume ; je » viens le déployer dans ces provinces dont » le nom et l'héroïque fidélité illustreront à » jamais les fastes de la monarchie. C'est un » Bourbon, c'est le neveu de votre Roi qui » vient se joindre à vous, et vous aider à bri- » ser vos fers. Braves habitans des provinces

» de l'Ouest ! que votre dévoûment toujours à
» l'épreuve des revers se ranime aujourd'hui
» par l'espérance. De toutes parts la tyrannie
» succombe ; de toutes parts les enfans de
» Saint Louis viennent réclamer des droits
» dont le premier et le plus cher fut toujours
» celui de vous rendre heureux. Je vous an-
» nonce l'arrivée de votre Roi ! je viens être
» l'organe de ses promesses. Plus de guerres !
» plus de conscriptions ! plus d'impôts arbi-
» traires ! Français, telles sont les intentions
» de votre Roi. C'est un père qui vient re-
» trouver ses enfans. L'avenir qu'il vous des-
» tine est un avenir de bonheur, le retour de
» la paix, la stabilité des lois et la douceur du
» gouvernement légitime et paternel. *Vive le*
» *Roi !* »

Ce prince confirma ces promesses par des
actions ; il fit mettre en liberté plusieurs pri-
sonniers détenus depuis deux ans pour une
révolte occasionnée par la disette. Le lendemain de leur délivrance, le prince étant au
théâtre, où l'on devait donner *la Partie de
chasse d'Henri IV* ; ces pauvres gens parurent,
au lever de la toile, à genoux sur l'avant-scène
avec leurs femmes et leurs enfans, levant leurs
bras vers le prince et le bénissant. Quelques
jours après, le duc de Berry fit son entrée à

Rouen, à dix heures du soir ; il y fut reçu avec des transports de joie. Le lendemain, il passa la revue des troupes qui étaient dans la ville, visita plusieurs manufactures, et y laissa des témoignages de sa munificence. Enfin, le 21, il entra à Paris, revêtu de l'uniforme de garde national : le corps municipal et les chefs de l'armée étaient allés le recevoir à la barrière de Clichy ; après qu'ils lui eurent présenté leurs félicitations, le prince leur dit : « Mes-
» sieurs, mon cœur est trop ému pour expri-
» mer tous les sentimens qui m'agitent en me
» voyant au milieu des Français et de cette
» bonne ville de Paris, entourée de la gloire de
» la France. Nous y venons apporter le bon-
» heur : ce sera notre occupation constante
» jusqu'à notre dernier soupir. Nos cœurs n'ont
» jamais cessé d'être français et sont pleins de
» ces sentimens généreux qui sont le caractère
» distinctif de notre brave et loyale nation.
» *Vivent les Français !* »

En entrant au château des Tuileries, Mgr. le duc de Berry se tourna avec vivacité vers les maréchaux qui l'entouraient, et leur dit, en se jetant dans leurs bras : « Permettez que
» je vous embrasse et que je vous fasse partager
» tous mes sentimens. »

Le prince s'attacha à gagner les cœurs des

soldats ; il visita les casernes et les établissemens militaires ; il passa en revue les différens
corps de troupes ; il ne mit pas moins de soin
à examiner les chefs-d'œuvre des arts, les pro-
cédés et les produits des manufactures : ce fut
à la suite d'une de ces visites, qu'il permit à
M. Fraire, propriétaire de la belle manufacture
de porcelaines près de Popincourt, de donner
son nom à cet établissement. Ce prince montrait toujours un goût éclairé en parlant des
productions des différentes écoles. Quoiqu'il
possédât ces manières heureuses qui, de la
part des grands, sont le plus noble encoura-
gement pour les artistes, il n'aimait pas moins
à prendre ce ton militaire et chevaleresque qui
fait naître l'enthousiasme dans l'âme du soldat :
on a recueilli une infinité de mots heureux
sortis de sa bouche. « Nous commençons à nous
» connaître, dit-il un jour au général Maison ;
» quand nous aurons fait ensemble quelques
» campagnes, nous nous connaîtrons mieux. »
Assistant au banquet donné par la garde pari-
sienne dans les jardins de Tivoli, il voulait
porter une santé en son honneur ; prévenu par
le duc de Grammont, le prince s'écria : « Vous
» me l'avez volée ; mais je vais en porter une
» qui est dans le cœur de tous les Bourbons :
» *A la prospérité de la France !* » Il passait un

jour la revue d'un régiment de cavalerie en garnison à Versailles ; quelques soldats témoignaient avec franchise, en sa présence, des regrets de ne plus combattre sous Bonaparte. « Que faisait-il donc de si merveilleux ? demanda le duc de Berry. — Il nous menait à la victoire, répondirent-ils. — Je le crois bien, répliqua le prince ; cela était bien difficile avec des hommes tels que vous ! »

Le Roi, par une ordonnance du 15 mai, lui conféra le titre de colonel-général des chasseurs et des chevau-légers-lanciers ; et par une disposition du ministère de la guerre, le régiment de dragons, dit de l'Impératrice, prit le nom de Berry. La Chambre des députés ayant, peu de temps après, fixé la liste civile, ce prince y fut compris pour la somme de 1,500,000 fr. Il partit, le 1er août de cette année, pour aller visiter les départemens du Nord, et fut reçu avec enthousiasme à Cambrai, à Bouchain, à Valenciennes ; partout il se montra aux troupes et les passa en revue. Il visita à Lille la filature de coton du sieur Charles Fréret, et voulut bien signer sur le grand-livre de ce négociant l'acte qui constatait cette visite si honorable pour le commerce et l'industrie. Ce prince arriva à Calais le 9 du même mois, et s'embarqua le lendemain sur un brick français, qui le conduisit

3*

jusqu'à Douvres, où il débarqua au bruit du canon de toutes les batteries. Après un court séjour en Angleterre, le duc de Berry revint à Paris, d'où il partit le 21 septembre pour visiter les places fortes de l'Alsace, de la Lorraine et de la Franche-Comté. Il passa successivement en revue les garnisons de Mézières, Metz, Strasbourg, Landau, etc., où sa présence fit naître beaucoup d'enthousiasme. Il s'occupait particulièrement d'encourager les arts ; et confia l'honneur de faire son portrait au célèbre Carle Vernet, chez lequel il se rendit plusieurs fois. C'est pendant qu'il parcourait les divers établissemens publics, qu'il fut un jour fort agréablement surpris de retrouver, au comité central d'artillerie, une jolie pièce de canon qui avait été faite à Turin en 1792, pour servir à son instruction et à celle de Mgr le duc d'Angoulême. Le duc de Berry avait le projet de faire un voyage dans les départemens de l'Ouest, espérant gagner partout le cœur du soldat, lorsque le retour de Bonaparte vint suspendre le cours de tant de soins précieux. Quelques gens qui voyaient l'heureux ascendant que prenait sur les troupes ce prince, tout-à-la-fois sensible et valeureux, imaginèrent de le noircir par d'impudentes diffamations ; il n'y eut sortes de calomnies dont Monseigneur le duc de Berry ne devînt l'objet.

Au premier avis du débarquement de Bonaparte, le Roi désigna ce prince pour aller prendre le commandement des forces réunies en Franche-Comté; mais on allégua que sa présence serait plus utile dans la capitale. Le 8 mars, le duc se rendit à l'Ecole-Militaire, puis à la caserne de Babylone; mais il y fut froidement reçu par les troupes, dont la fidélité était déjà ébranlée, et qui s'étaient laissées tromper. Le 11, S. M. donna au duc de Berry le commandement de tous les corps qui se trouvaient à Paris et dans les environs; mais on reconnut bientôt que toute défense devenait impossible; et dans la nuit du 19 au 20 mars le duc de Berry partit de la capitale, ainsi que Monsieur, et se mit à la tête de la maison du Roi. On marcha toute la nuit et toute la journée du 20, presque sans s'arrêter; le duc de Berry donnait à ceux qui l'accompagnaient l'exemple de la fermeté de caractère et de la résignation. On arriva le 21 à Beauvais; de là, on prit la route d'Abbeville, où l'on apprit l'entrée du Roi à Lille. Un officier de cuirassiers, qui se trouvait sur le passage du duc de Berry, eut l'insolence de crier *vive l'Empereur !* Les officiers de la maison du Roi voulurent en faire justice ; mais le duc s'opposa à cet acte de vengeance. Le 24, on arriva à Béthune ; le duc de Berry était à la tête de quatre mille braves et fidèles français. Il trouva , en entrant dans cette ville , trois cents soldats qui étaient ouvertement prononcés en faveur de Bonaparte ; il les investit de toutes parts ; mais eux , dans l'excès de leur délire , crièrent en désespérés *vive l'Empereur !* On pouvait les tuer jusqu'au dernier ; mais la cause royale n'en eût pas mieux été servie , ce n'eût été qu'un acte de vengeance inutile ; et un Bourbon ne se venge pas sur des Français. Monseigneur le duc de Berry s'élança seul au milieu de ces trois cents hommes , et leur proposa de crier *vive le Roi !* Après s'être consumé en vains efforts, il leur dit : « Vous voyez bien que » nous pourrions vous exterminer, sans qu'il » en restât un seul : Vivez tous, malheureux, » et disparaissez. » Alors un de ces soldats se mit à crier *vivent l'Empereur et le duc de Berry !* et les autres répétèrent ce cri , qui était tout-à-la-fois d'ingratitude et de reconnaissance. Quelques minutes après, deux cents lanciers poursuivirent ce prince à sa sortie de Béthune ; il eût été facile de les écraser, mais il s'y opposa fortement. Enfin , il arriva heureusement à Ypres, et le 28 mars il rejoignit le Roi à Gand , et s'établit à Alost, où se trouvait la partie de la maison militaire du Roi, qui avait pu suivre les princes au-delà de la frontière. Le duc de Berry avait perdu tous ses équipages, qui avaient été pris à Saint-Denis.

Pendant son séjour en Belgique , ce prince fit de fréquens voyages soit à Gand , soit à Bruxelles, où le roi des Pays-Bas le recevait avec tous les honneurs dus à son rang. Chargé du commandement de la maison militaire du Roi, cantonnée à Alost et dans ses environs, le duc de Berry se plaisait à en surveiller les manœuvres , qu'il commandait souvent en personne. On ne fut pas peu étonné de le voir alors, soit par l'éclat et la véhémence de son commandement , soit par la précision de son coup d'œil, rappeler ces tacticiens célèbres dont la France a fourni les premiers modèles ; on le voyait ensuite , avec non moins de plaisir , se mêler à ces jeux qui sont le délassement des travaux des camps , les encourager , y prendre le plus vif intérêt. (1) Tel était Louis XVI , au

_____

(1) Lorsque le duc de Berry parcourait les cantonnemens, on l'a vu plusieurs fois faire ce qu'on appelle la partie de galoche , avec des officiers et des volontaires de l'armée ; il oubliait son rang pour se souvenir seulement qu'il était Français.

milieu de ses pages, à Versailles. La bataille
de Waterloo détermina un mouvement de cavalerie légère sur la gauche de Bonaparte,
qui se dirigeait vers les cantonnemens de la
maison du Roi ; Alost, qui en formait le centre,
n'était pas une position militaire : le prince se
détermina à occuper les hauteurs de Gyseghem,
à une lieue d'Alost, où il laissa le deuxième
escadron des gardes-du-corps et les grenadiers
à cheval. L'armée royale bivouaquait autour
du château occupé par les princes, Monsieur,
et son fils le duc de Berry. Ce fut là qu'ils ap-
prirent qu'ils allaient revoir leur patrie. Le 21
juin, l'armée royale, au milieu de laquelle le
Roi voulait entrer en France, se mit en marche sous les ordres du duc de Berry ; elle alla
coucher à Grammont, puis le 22 à Ath, le 23 à
Mons, le 24 à Bavai, première ville de France,
où Sa Majesté entra à dix heures du matin ; le
même jour, le Roi et les princes allèrent coucher à Cateau-Cambresis, où l'armée royale
bivouaqua par un temps froid et pluvieux. Le
duc de Berry, pendant le séjour que le Roi fit
au Cateau, visita plusieurs fois les bivouacs, et
satisfait de l'ordre qui y régnait, il dit à plusieurs officiers : « Voilà comme on apprend son
» métier en brave et vrai soldat. » Le 8 juillet,
il se mit à la tête de la maison du Roi, destinée

à former le cortége de Sa Majesté, jusqu'à son entrée au château des Tuileries. Lorsque le prince fut près de quitter ce commandement, il vint témoigner, dans les termes les plus honorables, à tous les officiers de la maison du Roi, combien il avait à se louer de leur dévoûment et de leur bonne conduite. Il leur ajouta ces paroles au nom de Sa Majesté : « Il vous » reste un devoir non moins important à rem- » plir dans cette mémorable circonstance, et » c'est le Roi qui vous le prescrit ; vous gar- » derez un silence absolu, lors même que les » cris expirans de la révolte, ou quelques dé- » bris des signes de la rébellion, viendraient » exciter votre indignation. »

Depuis cette époque, Mgr. le duc de Berry vécut assez retiré ; il ne négligea cependant aucune occasion de se concilier l'affection des militaires. Le 30 juillet, il dit aux officiers du 10ᵉ régiment de ligne, qui lui furent présentés : « J'ai une permission à vous demander ; c'est de » porter votre uniforme quand j'irai au-devant » de mon frère. » Au mois d'août suivant, le Roi le nomma président du collége électoral du département du Nord, et le prince arriva à Lille le 18. Sa présence excita un enthousiasme général dans cette ville qui avait montré, à une autre époque, tant de fidélité à la cause

royale. Le duc de Berry répondit au discours
que lui adressa le préfet du département : « Le
» Roi et la patrie sont inséparables, et l'amour
» unit le Roi à ses peuples par une chaîne in-
» dissoluble ; qui pourrait rompre cette chaîne
» dont le département du Nord et la ville de
» Lille forment le plus solide anneau ? La mis-
» sion de présider le collége électoral de ce
» département est la plus haute faveur que le
» Roi pouvait m'accorder. » Plein d'une vive
reconnaissance pour la ville de Béthune, où il
avait été si bien accueilli quelques mois avant,
il voulut y faire un voyage, et il répondit en
ces termes au discours du corps municipal :
« Messieurs, j'ai voulu revoir les habitans de
» cette bonne ville, leur témoigner toute ma
» sensibilité pour la conduite qu'ils ont tenue
» envers nous dans des circonstances malheu-
» reuses, et où ils semblèrent redoubler de
» fidélité et de dévoûment. Nous n'oublierons
» jamais l'accueil que nous avons reçu ici. »
S'adressant ensuite au maire qui l'avait ha-
rangué : « M. Duplaquet, ajouta le prince,
» vous n'avez oublié qu'une chose dans votre
» discours : vous n'y parlez pas des services
» que vous nous avez rendus. »

Le 13 août, monseigneur le duc de Berry

ouvrit le collége électoral par ce discours où règne une noble simplicité :

« Le plus aimé de vos Rois, Henri IV,
» après de longues guerres intestines, ras-
» sembla les notables de son royaume à Rouen,
» et leur demanda des conseils; ainsi que lui,
» le Roi, mon auguste seigneur et oncle,
» d'après la constitution qu'il a donnée lui-
» même à son peuple, s'adresse en ce moment
» à vous, et me nomme particulièrement pour
» être son organe auprès du département du
» Nord. Je ne parlerai point de leur fidélité
» aux habitans d'un pays berceau de la mo-
» narchie; je ne remercierai point de son dé-
» voûment ce peuple qui rappelle si bien ces
» Francs, généreux et guerriers, dont il est
» descendu le premier; je me bornerai à vous
» dire, Messieurs, que le Roi, après vingt-six
» ans de troubles et de malheurs, a besoin
» d'interroger le cœur de ses sujets, dont il
» juge d'après le sien. Ne pouvant réunir autour
» de lui tous les Français, dont il est, vous le
» savez, bien moins encore le monarque que
» le père, il vous demande de lui adresser,
» non ceux de vous qui l'aiment davantage,
» ce choix seroit impossible et vous y voleriez
» tous; mais ceux qui, dignes interprètes de
» votre pensée, porteront au pied de son trône

» cet oubli du passé, cette connaissance du
» présent, ce coup d'œil dans l'avenir, ce
» respect pour la Charte constitutionnelle,
» cet amour pour sa personne sacrée, enfin
» cette abnégation de soi-même qui seule peut
» assurer le bonheur de tous. »

De si beaux sentimens, si noblement exprimés, méritoient sans doute à ce digne Prince un autre sort. Ce fut aussi vers cette époque que, voulant témoigner aux habitans d'Alost combien il avoit été sensible à l'hospitalité qu'il y avoit reçue, il envoya un riche présent à l'habitant chez lequel il avait logé; il accompagna ce présent d'une somme de 1,000 fr. pour les pauvres de la ville. Avant de quitter Lille, le duc de Berry remit aussi au préfet une somme considérable avec la même destination. Le 4 septembre, en présentant au Roi le collége électoral du département du Nord, il s'exprima en ces termes : « Loin de dissi-
» muler à Sa Majesté les transports dont je
» viens d'être témoin, je me hâterais de les
» lui peindre, si l'expression pouvait rendre la
» pensée; oui, Sire, je peux parler de ces
» transports, de cet amour, dont j'ai recueilli
» tant de témoignages; car ce n'est point vers
» moi, mais vers Votre Majesté, que s'élevaient
» ces élans des cœurs. C'est un Prince qui a le

» bonheur de lui appartenir de si près, que
» le collége électoral a vu dans son président ;
» et la joie des bons habitans du Nord n'a été,
» Sire, que l'expression franche de la recon-
» naissance, en croyant trouver dans le choix
» de Votre Majesté la plus noble comme la plus
» douce récompense de leur fidélité. »

Peu de temps après, le duc de Berry adressa au préfet du Nord une lettre écrite de sa main, et qui finissait par ces mots : *Dites à tous vos bons Lillois combien je les aime.* Henri IV leur avoit dit aussi, en les quittant : *Désormais entre nous, à la vie, à la mort.*

L'événement le plus remarquable de la vie du duc de Berry, celui auquel devoient se rattacher les plus grandes destinées, puisqu'il devait assurer une existence indéfinie à l'auguste famille des Bourbons, fut, sans contredit, son mariage.

Depuis long-temps l'agréable nouvelle d'une union projetée entre LL. AA. RR. Mgr le duc de Berry et la princesse Marie-Caroline de Naples, fille du prince héréditaire, circulait dans la capitale. Le Français, impatient d'acquérir la confirmation du plus cher de ses désirs, flottait entre la crainte et l'espérance, lorsque le 28 mars 1816, Son Excellence le duc de Richelieu, ministre des affaires étrangères, vint donner communication à la Chambre des députés de la détermination prise par le Roi, d'unir Mgr. le duc de Berry à la princesse Marie Caroline de Naples, petite-fille du roi des Deux-Siciles. Jamais message ne fut accueilli avec plus d'enthousiasme, et le ministre ayant été reçu avec les usages suivis en pareille circonstance, s'exprima ainsi :

« Messieurs,

« Le Roi me charge de vous donner connaissance d'un événement aussi heureux pour l'État que pour sa propre famille, et dont il éprouve une satisfaction qui sera également partagée par vous, Messieurs, et par la nation entière.

» Après tant de troubles et de malheurs, la France, rendue à son ancienne destinée, à ses mœurs, à la famille de ses Rois, demande à assurer pour l'avenir le bonheur dont elle commence à jouir. C'est à ce vœu, à ce grand intérêt de ses peuples, que la sagesse et la bonté du Roi viennent de pourvoir, en arrêtant le plan du dernier établissement qui lui restait à former au sein de sa famille.

» Son Altesse Royale Mgr. le duc de Berry doit incessamment unir son sort à celui de la princesse Marie-Caroline des Deux-Siciles, comme lui issue de Louis XIV, et en même temps arrière-petite-fille de cette Marie-Thérèse qui fut illustre parmi les femmes illustres, et grande parmi les rois.

» Une telle union, formée sous d'heureux auspices, vous le jugez comme nous, Messieurs, nous permet une juste allégresse pour le présent, et pour l'avenir les plus flatteuses espérances.

» Vous êtes appelés conséquemment à cet heureux événement par des dispositions législatives, dont les motifs sont exprimés dans le préambule du projet de loi que Sa Majesté m'a ordonné de vous présenter.

» Il s'agit de régler la dotation qui tient actuellement lieu d'apanage aux princes et princesses de la famille royale, et de déterminer la somme qui sera affectée aux dépenses extraordinaires qui devront être faites dans cette circonstance.

» De longs développemens sur un tel objet seraient superflus devant vous, Messieurs, pénétrés comme vous l'êtes, et je dirai même péniblement affectés des sacrifices que le Roi et les princes ont cru devoir s'imposer spontanément dans les circonstances difficiles où nous nous trouvons.

» Il est néanmoins de notre devoir de vous

faire connaître que les ministres du Roi, après avoir calculé, sur cette considération même, la mesure de la disposition qu'ils doivent vous proposer, ont encore dû souscrire, pour un certain nombre d'années, à une réduction considérable, sollicitée par Mgr. le duc de Berry lui-même.

» Je vais avoir l'honneur de vous donner communication du projet de loi. »

LOUIS , etc.

Le désir constant qui nous anime, d'assurer, par tous les moyens qui sont en notre pouvoir, la stabilité de l'État et le bonheur des peuples que la divine Providence a confiés à nos soins, nous ayant fait regarder comme un devoir de pourvoir à l'établissement de notre très-cher neveu le duc de Berry, nous nous sommes déterminé à l'unir avec la princesse Marie-Caroline des Deux-Siciles.

Et comme dans l'article 23 de la loi qui a pourvu à la dotation de notre couronne, il a été statué que lorsqu'il surviendrait un changement dans le nombre des membres de notre famille, il serait procédé à une fixation nouvelle de cette dotation, et qu'il est nécessaire, en outre, de régulariser par une disposition législative les dépenses que ce mariage occasionnera;

À ces causes, Nous avons ordonné et ordonnons :

Art. Ier. Il sera payé annuellement par le trésor une somme d'un million de francs, pour être ajoutée à celle qui, en vertu de l'art. 23 du titre III de la loi du 8 novembre 1814, est destinée à tenir lieu d'apanage aux princes et princesses de notre famille.

II. La somme mentionnée dans l'article précédent sera réduite à cinq cent mille francs par an, pendant cinq années.

M. de Richelieu fut à l'instant interrompu par de vives acclamations qui s'opposèrent à toutes réductions.

Le ministre continue :

« Au bout duquel temps elle sera payée intégralement. »

III. Le budjet du ministre des affaires étrangères sera augmenté, pour la présente année, de la somme d'un million, qui doit être affectée tant aux dépenses du mariage et de l'établissement de notre cher neveu le duc de Berry, qu'à celle des présens qui seront faits dans cette circonstance, et au prix des joyaux et diamans qui ont été stipulés dans le contrat.

Donné à Paris, le 23 mars 1816.

Signé LOUIS.

Toute l'assemblée se lève spontanément aux cris de *Vive le Roi ! Vivent les Bourbons !*

M. de Puyvert, l'un des députés, ayant obtenu la parole, reprit à son tour : « Nos vœux les plus chers vont être accomplis. Une jeune princesse de la maison de Bourbon, en s'unissant au digne frère du Héros du midi, à ce jeune prince qui, dans les premiers pas de sa carrière, s'est montré digne émule des héros de sa race, vient ajouter de nouvelles espérances aux vœux ardens que la France entière adresse au Tout-Puissant pour obtenir un rejeton de Saint-Louis. La communication que le Roi daigne faire à sa fidèle Chambre des députés va répandre l'allégresse dans tous les cœurs français.

» Entourons cette solennité de toute la splendeur qu'elle exige. N'acceptons pas la réduction proposée ; prions, au contraire, d'accepter un million par an pour la maison de S. A. R. Madame la duchesse de Berry, et deux millions pour subvenir aux frais de sa noce. »

M. de Puyvert fit en même temps la motion de voter des dons pour faire des actes de bienfaisance à l'occasion du mariage de monseigneur le duc de Berry.

Un pareil discours, adressé à l'élite de la nation française, à ces loyaux députés, organes des sentimens du peuple, ne pouvait qu'exciter

un enthousiasme universel; et des applaudisse-
mens réitérés prouvèrent à M. de Puyvert qu'il
était le fidèle interprète de ce qui se passait
dans tous les cœurs. L'assemblée nomma aussitôt une commission pour faire un prompt rapport sur cet important objet, et décida qu'une
grande députation de la Chambre se transpor-
terait auprès de Sa Majesté; afin de la remercier
de l'heureuse communication qu'elle avait daigné
lui faire, et de lui exprimer, ainsi qu'aux princes
de son illustre maison, combien elle était pénétrée de joie, en songeant à l'heureuse alliance
qui assurait à jamais le bonheur de la France
entière.

Par suite de la communication faite par le
Roi à la Chambre des pairs et à celle des députés, une grande députation de chacune des
deux Chambres eut l'honneur d'être admise,
le 23 mars soir, à l'audience de Sa Majesté,
dans la salle du trône; et là, M. le chancelier,
président de la Chambre des pairs, adressa la
parole au Roi en ces termes:

« Sire,

» La Chambre des pairs s'empresse d'apporter
à Votre Majesté l'hommage de sa respectueuse
reconnaissance d'une communication dont elle
a senti vivement le prix. Il ne suffisait pas à la
France d'avoir recouvré, avec son Roi légitime,

4*

toutes les garanties de force et de bonheur que la loi sacrée de l'hérédité rattache aux princes de votre auguste dynastie ; il nous tardait encore de voir se multiplier, le plus près possible du trône, les gages de son éternelle stabilité.

» C'est dans l'auguste maison qui depuis tant de siècles nous gouverne avec tant de gloire, que la sagesse de Votre Majesté choisit pour le descendant de Henri IV et de Louis-le-Grand une princesse de leur noble sang. Les immortelles vertus de nos plus grands Rois, ainsi rapprochées par une commune origine, se reproduiront avec plus d'éclat.

» Vos fidèles sujets, les pairs de France, applaudissent avec transport à cette alliance de famille, dont nous voyons près de vous un exemple touchant, qui présage à V. M. comme à la France un nouvel accroissement de gloire et de bonheur. »

Le Roi répondit :

« Je suis très-touché des sentimens que la Chambre des pairs m'exprime dans une occasion aussi heureuse. J'ai voulu, dans cette circonstance, augmenter non-seulement le bonheur de mon intérieur, mais celui de la France entière ; en multipliant ma famille, c'est multiplier les héritiers de mon amour pour les Français. »

La députation s'étant ensuite rendue chez Monsieur et chez monseigneur le duc de Berry, conduite et présentée comme elle l'avait été chez Sa Majesté,

M. le Chancelier adressa à Monsieur le discours suivant :

« Monseigneur,

» La permission du Roi autorise la Chambre des Pairs à présenter à Votre Altesse Royale ses respectueuses félicitations sur le grand événement qui se prépare dans son auguste famille. Depuis long-temps tous nos vœux y appelaient une nouvelle succession de princes, pour perpétuer parmi nous les éminentes vertus qui sont en possession de conquérir et de captiver tous les cœurs français.

» L'heureux mariage de Monseigneur le duc de Berry va doubler nos espérances sans rallentir nos premiers vœux : puisse-t-il assurer à jamais le règne des Bourbons, ce règne inséparable de celui de la religion, de la justice et de la vertu!... »

Monsieur répondit :

« Je reçois avec sensibilité et reconnaissance l'expression des sentimens de la Chambre des Pairs. J'espère, Messieurs, que l'événement que la Providence a amené et préparé, assurera la félicité de la France ; notre race a l'honneur et le bonheur d'être purement française. Ceux qui naîtront d'elle hériteront de tous nos sentimens. »

La grande députation de la Chambre des Pairs présentée à Monseigneur le duc de Berry, M. le Chancelier prononça le discours suivant :

« Monseigneur,

» Le Roi permet à la Chambre des Pairs de venir se féliciter avec Votre Altesse Royale d'une alliance qui, en fixant ses destinées, garantit les nôtres et comble les vœux de la France entière. Le trône héréditaire auquel se rallient tous les sentimens et toutes les espérances, ce trône, dont Votre Altesse Royale s'est montrée constamment un des plus fermes soutiens, va recevoir un nouveau lustre, comme une nouvelle force, de l'heureux mariage qui lui promet de nouveaux appuis.

» Déjà, Monseigneur, l'amour inné des Français pour les Bourbons vole au-devant d'une Princesse de leur auguste race ; elle appartient par sa noble origine à ce royaume, dont elle fera comme vous l'ornement et la félicité.

» Nous lui paierons en amour et en reconnaissance tout ce qu'elle ajoutera à votre bonheur. »

Monseigneur le duc de Berry répondit au discours de la députation :

« Je remercie le Roi d'avoir permis à la Chambre des Pairs de venir m'exprimer ses sentimens; j'y suis très-sensible. L'événement heureux qui nous rassemble contribuera à assurer le bonheur de notre patrie. Si j'ai des enfans, Messieurs, ce que j'espère, ils naîtront avec les sentimens d'amour pour les Français, qui sont innés dans notre famille. Je les éleverai dans un respect dû au Roi et à la Charte constitutionnelle, ouvrage immortel de sa sagesse; cette Charte qui assure à jamais la liberté du peuple et la puissance du monarque. »

La grande députation de la Chambre des Députés ayant eu l'honneur d'être conduite et présentée à son tour à Sa Majesté, M. Lainé, président de la Chambre, s'exprima ainsi :

« Sire,

» Vos fidèles sujets de la Chambre des Députés viennent mêler leurs félicitations et leur reconnaissance à la joie de Votre Majesté. Ils se réjouissent, avec toute la France, de voir un rejeton de Louis XIV unir sa destinée à la petite-fille de Marie-Thérèse. Si le ciel permit que les deux maisons, qui ont une commune origine, fussent frappées des mêmes adversités, il leur préparait de loin la même réparation. On dirait que la Providence attendait le dernier terme de leurs infortunes et leur inébranlable rétablissement sur le trône de France et sur le trône des Deux-Siciles, pour inspirer la royale union par laquelle, en comblant les vœux des deux peuples, elle semble achever ses desseins.

» Les Français, Sire, en voyant un jeune prince s'allier à une princesse du même sang, de la même religion, instruite par les mêmes leçons, se reposent dans l'espérance que l'auguste race des Bourbons perpétuera cette légitimité, garantie du bonheur du peuple.

» Les députés des départemens, à qui il doit être permis de dire qu'ils représentent la France, quand ils portent au pied du trône l'hommage de son amour, sont fiers d'être appelés à concourir à la splendeur d'une aussi noble alliance. Ils sont impatiens, Sire, de remplir cet honorable devoir d'une manière digne de Votre Majesté et de la nation française. »

Le Roi répondit :

« Je reçois avec un bien véritable plaisir l'assurance des sentimens de la Chambre des députés dans une aussi heureuse occasion. En multipliant le nombre de mes enfans, je ne fais qu'augmenter le nombre des amis de mon peuple. J'aurais bien voulu, dans une semblable circonstance, ne rien lui demander ; mais j'aurais cru blesser les sentimens de la nation française en ne l'associant pas à un acte solennel qui ajoutera au bonheur de ma vie. »

La grande députation, conduite chez Monsieur, M. Lainé adressa à Son Altesse Royale le discours suivant :

Monseigneur ,

« Le Roi, à qui nous venons de rendre les hommages de la Chambre des députés, nous a permis de les présenter à Votre Altesse Royale. Heureux père de ce Prince sage et valeureux, dont le sort est uni à l'auguste fille du meilleur des Rois, votre bonheur va se combler par une alliance qui, en transmettant des vertus héréditaires, donne à la France l'espoir de voir se multiplier les soutiens du trône et les descendans de Saint-Louis. »

« Je ne saurais assez vous exprimer, lui répondit Monsieur, combien je suis touché des sentimens de la Chambre des députés. Ma Famille, éprouvée par les plus cruels revers, les oublie tous en pensant qu'elle peut encore contribuer au bonheur des Français.

» C'est là, Messieurs, le plus ardent de tous nos vœux ; oui, Messieurs, et si nous désirons voir notre famille se multiplier, c'est que nous avons la certitude que les Bourbons ne cesseront jamais, à l'exemple de leurs ancêtres, de se consacrer entièrement à la gloire et à la prospérité de la France.

» Et devant qui, Messieurs, pouvons-nous mieux exprimer les sentimens qui nous animent, que devant une assemblée qui les partage éminemment, et qui est si digne de représenter la nation française ? »

Introduite chez Mgr le duc de Berry, la députation de la Chambre des députés le félicita en ces termes :

« Monseigneur,

» C'est au Roi, c'est à votre auguste père que nous avons rendu les hommages de sujets fidèles et de Français pleins d'espérances. Ils ne pouvaient nous donner une plus douce preuve de leur satisfaction qu'en nous permettant de vous exprimer la joie de nos cœurs. Nous étions impatiens, Monseigneur, de vous exprimer les vœux qu'ils forment pour votre bonheur, pour celui de l'Etat. Puisse le ciel, en bénissant la noble union que vous allez former, donner à la France de nouveaux Princes qui soient, comme Votre Altesse Royale, héritiers du cœur de Henri IV, et des vertus des Bourbons ! »

« Je suis bien sensible, répondit Mgr le duc de Berry, aux vœux que la Chambre des députés fait pour mon bonheur. Celui de la France sera toujours le plus ardent de mes désirs. J'aurai, je l'espère, des enfans qui, comme moi, trouveront inné dans leur cœur l'amour des Français.

» Je vous vois toujours, Messieurs les députés, avec un nouveau plaisir. Je voudrais pouvoir exprimer à chacun en particulier mes sentimens. »

À la séance du 25 mars, le président rendit compte de la réception faite par le Roi et LL. AA. RR. Monsieur et Mgr le duc de Berry, à la grande députation de la Chambre, et ce rapport fut reçu aux cris réitérés de *Vive le Roi ! Vivent les Bourbons !*

Peu de temps après, M. le vicomte de Castelbajac obtint la parole au nom de la commission qui avait été nommée pour examiner le projet de loi proposé, au nom de Sa Majesté, par le ministre des affaires étrangères, relativement au mariage de Son Altesse Royale Mgr. le duc de Berry. « Je suis chargé, dit ce député, de vous faire connaître l'unanimité des sentimens de la commission. Chacun de vous peut les pré-juger, puisqu'il les partage lui-même. Tous Français, nous devons tous n'avoir qu'une seule pensée, qu'un même vœu, dans une cir-constance qui est pour nous le gage assuré du bonheur de la France.

» Le mariage d'un fils de Henri IV nous ré-pond de l'avenir, il nous reporte vers le passé ; et en nous ramenant à des souvenirs de gloire, de loyauté et d'honneur, il est le sûr garant de l'oubli de nos longues infortunes. La commis-sion propose l'adoption de l'art 1.er, qui porte : que la somme d'un million de francs sera an-nuellement payée par le trésor royal, pour être ajoutée à la somme qui est destinée à tenir lieu d'apanage aux Princes et Princesses de la fa-mille royale.

» L'article 2 de la loi proposée, qui réduit cette somme pendant cinq années à cinq cent mille francs, a excité dans les bureaux le sen-timent le plus profond de respect et de recon-naissance, pour la sollicitude paternelle du Roi envers ses peuples. Mais à ce sentiment s'est mêlé celui des devoirs que nous impose l'amour de tous les Français pour la famille de Saint-Louis. L'obligation si douce de la manifester, la dignité, l'éclat du trône, sont la certitude

que la France verrait avec le plus vif regret
que le Roi, après tant de sacrifices, s'en im-
posât encore de nouveaux.

» Il nous a semblé entendre de toutes parts
ce cri : « C'est pour nous une fête de famille ;
c'est le petit-fils du Béarnais qui s'unit à la petite-fille de Louis XIV et de Marie-Thérèse !

» Votre commission vous propose la suppression de l'article 2.

» L'art. 3 affecte au budget du ministère des
affaires étrangères une somme d'un million
pour être appliquée, tant aux dépenses du mariage et de l'établissement de Mgr. le duc de
Berry, qu'à celles des présens qui seront faits
en cette circonstance, et au prix des joyaux
et diamans qui ont été stipulés dans les con-
trats.

» Les mêmes raisons qui ont motivé aux yeux
de votre commission la suppression de l'art. 2,
l'engagent à porter, par amendement, à quinze
cent mille francs la somme d'un million stipulée
dans l'art. 3.

» Nous avons la confiance, Messieurs, que le
Roi daignera, en acceptant cet amendement,
donner à la Chambre de nouvelles marques de
sa bienveillance. Nous avons la certitude que
nos concitoyens nous trouveront les interprêtes
fidèles de leurs sentimens. »

Un élan général d'approbation s'étant manifesté dans toute l'assemblée, M. le président ne
put l'arrêter qu'en observant que, dans les occasions les plus solennelles, il fallait respecter
le réglement, et que la discussion sur le rapport
devait être remise au surlendemain.

La séance du 27 s'ouvrit donc par le projet de
loi relatif au mariage de Son Altesse Royale le
Duc de Berry, avec les amendemens de la commission. Tous les articles mis aux voix furent
adoptés à l'unanimité.

M. le duc de Richelieu, président du conseil
des ministres, et qui assistait à cette mémorable
séance, ayant pris la parole, prononça le discours suivant :

« Messieurs,

» Les sentimens que l'assemblée vient de manifester ne peuvent que causer au Roi la plus
vive satisfaction. Sa Majesté en était d'avance
convaincue, et, en m'ordonnant d'en témoigner
sa sensibilité, elle m'a prescrit de vous faire connaître qu'elle acceptait l'offre que le vœu unanime de la Chambre ne lui permet pas de refuser
plus long-temps.

» Mais en même temps, le Roi, fermement
résolu de maintenir le principe de la plus sévère

économie, et à écarter même de l'heureux événement qui va consoler la France, tout faste
inutile, toute ostentation superflue, destine les
cinq cent mille francs que vous venez de voter,
*au soulagement immédiat des départemens qui
ont le plus souffert dans les deux invasions....»*

A ces mots, les plus vifs transports éclatèrent
dans toute l'assemblée et dans les tribunes.

« Monseigneur le Duc de Berry, continue
Son Excellence, partage tous les sentimens du
Roi, et m'ordonne d'en être auprès de vous le
fidèle interprète.

» Son Altesse Royale, vivement émue des
malheurs qui ont pesé sur plusieurs parties de
la France, s'estime heureuse de trouver dans la
libéralité de la Chambre le moyen de les adoucir. C'est à ce noble usage que Monseigneur le
Duc de Berry se propose d'employer annuellement, pendant cinq années, les cinq cent mille
francs dont vous venez d'augmenter l'établissement que j'avais eu l'honneur de vous proposer.
Bénissons la Providence qui nous a rendu de
tels Princes. »

Ici l'orateur fut encore interrompu par les cris
de *Vive le Roi !* auxquels se mêlaient ceux de
Vivent les Bourbons ! Vive le Duc de Berry !

« En réparant les maux qu'ils n'ont pas cau-
sés, les Princes de l'auguste Maison de Bourbon,

tout-à-la-fois enfans et pères de la France, acquièrent chaque jour de nouveaux droits à notre reconnaissance et à notre amour. »

Les plus vives acclamations se renouvelèrent, et accompagnèrent le ministre lorsqu'il retourna à sa place.

Telle fut cette mémorable séance, qui prouva en même temps et l'attachement inviolable du peuple pour son Roi, et l'amour que ce digne et vertueux Monarque porte à ses sujets, en reversant sur les malheureux une partie de la dotation faite à son auguste neveu. Un pareil trait ne saurait étonner : Louis XVIII n'est-il pas le descendant de Henri ?

A peine la nouvelle de cette alliance fut-elle répandue dans la Capitale, que la joie la plus vive éclata de toutes parts : l'on calculait avec une impatience bien naturelle l'époque fortunée de cet hyménée. L'espoir de voir se perpétuer une famille à qui la France doit tant de gloire et tant de bonheur, dilata tous les cœurs, et l'on peut dire que, dès cet instant, tous les vœux se reportèrent sur une Princesse, gage précieux de toutes les espérances. Les arts et l'industrie redoublèrent d'activité, afin de lui offrir leurs tributs, et cet élan se communiqua d'un bout à l'autre du royaume.

Ce fut alors que l'on reconnut cette tendre

sollicitude du plus chéri des Monarques, de ce noble émule de Henri, dont les jours sont comptés par autant de bienfaits. L'on vit dans ce nouveau trait de sa bienveillance paternelle tout ce que l'on a droit d'attendre d'un prince dont la sage prévoyance se reportant sur l'avenir, veut aussi assurer le bonheur de nos derniers neveux.

La religion, qui, dans les événemens mémorables, vient rattacher l'homme à son Créateur, ne pouvait rester muette dans une telle circonstance : des prières furent ordonnées par ses ministres, pour remercier le ciel de cette auguste union, et le concours innombrable de peuple prosterné au pied des autels, implorant la bénédiction céleste pour ses princes chéris, offrit le spectacle imopsant et majestueux d'une nation entière, ne formant qu'un seul et même vœu.

Avant de passer à ce qui concerne Son Altesse Royale madame la duchesse de Berry, je vais mettre sous les yeux des lecteurs à quel degré de parenté se trouvent Leurs Altesses Royales Monseigneur le duc de Berry et la princesse Caroline. Les événemens ont fait perdre de vue une filiation qui acquiert aujourd'hui un nouvel intérêt. L'avénement de la maison de Bourbon au trône de Naples, en 1700, plaça en même temps la couronne de Naples sur la tête de Philippe V , petit-fils de Louis XIV ; Philippe conserva la souveraineté des royaumes d'Espagne et des Deux-Siciles jusqu'en 1707, où la trahison des princes de Montesarchio, d'Avellino , de Barian et du duc de Montéléon, livra le royaume de Naples à l'Archiduc , qui fit valoir ses droits comme successeur de Charles II.

Philippe V envoie en Italie , en 1734, une armée commandée par le comte de Monteñar, et à la tête de laquelle se trouvait l'infant Don Carlos. Elle livre , le 25 mai, le fameux combat de Bitonto , qui replaça la maison de Bourbon sur le trône de Naples.

Philippe V déclare son fils roi de Naples , sous le nom de Charles III , et laisse en mourant la couronne d'Espagne à Ferdinand VI ; Charles III régna à Naples jusqu'à la mort de son frère ainé Ferdinand VI , arrivée en 1759. Il vint alors occuper le trône d'Espagne, et céda celui de Naples à son second fils , qui l'occupe encore , sous le nom de Ferdinand IV. Il est né le 12 janvier 1751.

Charles III laissa , en mourant, la couronne d'Espagne à son fils aîné , Charles IV , aujourd'hui retiré à Rome , depuis son abdication en faveur de son fils Ferdinand VII ; Charles IV est frère de Ferdinand IV.

Ferdinand IV a régné à Naples jusqu'en 1806; il y est rentré en mai 1815. Ce souverain épousa en 1768, Marie-Charlotte-Louise de Lorraine, archiduchesse d'Autriche, sœur de l'empereur Joseph II et de Marie-Antoinette, reine de France.

La reine de Naples est morte le 8 septembre 1814, à Vienne en Autriche.

Il eut de ce mariage François-Janvier-Joseph, prince de Naples et de Sicile, né le 19 août 1777. Ce prince est frère de Marie-Amélie, princesse des Deux-Siciles, actuellement duchesse d'Orléans. Il a épousé en premières noces Marie-Clémentine d'Autriche, fille de l'empereur Léopold II, née le 24 avril 1777, morte en 1800.

Il a eu de ce mariage Marie-Caroline, princesse des Deux-Siciles, duchesse de Berry, née le 5 novembre 1798.

Ainsi, en suivant de part et d'autre cette illustre filiation, non interrompue, du sang des Bourbons, nous allons offrir les degrés de parenté qui unissent ces deux branches, issues du même sang.

LOUIS XV;

Le duc de Bourgogne.	{ Philippe V., Roi d'Espagne et de Naples.
Louis XV.	{ Charles III, Roi d'Espagne et de Naples.
Le Dauphin.	{ Ferdinand IV, Roi de Naples.
Monsieur, comte d'Artois.	| Le prince royal de Naples.
S. A. R. Monseigneur le duc de Berry.	{ S. A. R. la princesse Caroline.

Leurs Altesses Royales sont donc, au même degré de parenté, arrière-petits-fils de Louis XIV, au sixième degré, et d'Henri IV au huitième.

L'allégresse qui se répandait sur tous les points de la France, ne peut se comparer qu'à celle des Napolitains, qui voyaient, par cet auguste hyménée, se resserrer les liens de cette antique amitié qui avait toujours uni des peuples gouvernés par deux familles qui ont une même origine ; mais celle des Napolitains était tempérée par le regret qu'ils éprouvaient de perdre une princesse dont ils n'avaient pu apprécier assez long-temps toutes les vertus et les qualités ; et la nôtre, au contraire, était excitée par le bonheur de la posséder. Madame la duchesse de Berry avait huit ans à l'époque

où sa famille fut obligée de se retirer en Sicile, la raison avait en elle devancé l'âge, et elle
devint la consolation de ses illustres parens.
Son éducation avait été confiée a une dame
française, qui ne négligea rien pour mûrir son
esprit, et faire germer en elle ces qualités
précieuses, ces vertus éminentes qui la font
chérir de tous ceux qui sont assez heureux pour
l'approcher. Sa gouvernante, en lui enseignant
notre langue, semblait avoir présagé les décrets
de la Providence, qui, dans sa sagesse infinie,
a voulu qu'elle devînt un jour l'ornement de
la cour de France, et le second modèle de
l'Antigone française. La nature lui a prodigué
tous ses dons, qui cependant sont surpassés
par une âme angélique et un cœur excellent.
Mille traits de son enfance font honneur à la
noblesse de ses sentimens.

Privés depuis long-temps du bonheur de
posséder la princesse Caroline, d'admirer enfin
celle dont l'éloge était universel, les Napolitains
attendaient avec une extrême impatience l'heureux instant qui la rendrait à leurs vœux et
à leur amour. A peine apprit-on à Naples l'arrivée du prince héréditaire, qui ramenait de
Sicile son auguste fille, que la joie la plus vive
éclata de toutes parts.

Une immense population se répandit sur le

port et le rivage de la mer ; des bâtimens sans nombre couvraient depuis deux jours la rade ; le temps était superbe, le vent favorable, et tous les vaisseaux pavoisés. Enfin on signala le vaisseau de haut bord qui portait les espérances des deux royaumes unis par les liens les plus puissans. L'artillerie de tous les forts et des vaisseaux saluèrent à l'entrée du golfe la Princesse, si vivement désirée. Toute la cour attendait Son Altesse Royale dans un bâtiment au milieu de la rade. Les illustres personnages y étant entrés, on cingla vers le port ; et à leur débarquement, les cloches des églises et le canon annoncèrent ce moment fortuné par les témoignages multipliés de la plus vive allégresse, et des cris de *vive la France !*

Avant son départ de Palerme, Madame la duchesse de Berry avait voulu laisser un souvenir durable de son attachement et de sa piété, en fondant une institution pour l'éducation des jeunes filles ; elle assigna des pensions aux maîtresses qui se consacraient à cette occupation. Non contente de ce premier bienfait, elle fit verser à la caisse des pauvres filles abandonnées une somme de deux mille huit cents ducats, et visita leur établissement, en se faisant rendre compte de toutes les améliorations dont il était susceptible. Ces bonnes filles, en

la félicitant sur son mariage, lui témoignèrent leur douleur de perdre leur mère. (Nous serons deux fois orphelines, s'écrièrent plusieurs d'entre elles.) « Non, leur répondit la Prin-
» cesse avec une sensibilité admirable ; je serai
» votre mère aussi long-temps que vous aurez
» besoin de mes secours. »

Son Altesse Royale leur fit plusieurs présens, et sortit accompagnée de leurs bénédictions et de leurs vœux pour son bonheur.

Les Napolitains, glorieux de posséder Son Altesse Royale, voulurent, par des fêtes, lui donner les marques les plus touchantes de l'intérêt qu'elle leur avait inspiré ; mais elle les refusa, en disant : « Ce n'est pas en quittant
» son pays et tous ceux qu'on aime, que l'on
» doit se réjouir. » Sublime réponse, qui peint bien la bonté de son cœur !

Un objet plus touchant devait remplir les courts instans de son séjour à Naples ; et la Princesse, avant de quitter sa patrie, résolut de visiter tous les lieux consacrés à la bienfai-sance, et d'y laisser des témoignages de son intérêt. Dans ses diverses sorties, sa présence excita partout l'enthousiasme, l'amour et l'at-tendrissement. Tout le monde se pressait sur son passage ; le peuple voulait dételer les che-

vaux et traîner la voiture : il fallut l'autorité et
l'emploi de la force publique pour la protéger
contre les hommages et cette ivresse de la population. Le souvenir de ces instans précieux
ne s'effacera jamais des cœurs des Napolitains.

Étant entrée dans l'église de Sainte-Claire,
elle conjura le ciel de continuer de répandre
ses bénédictions sur sa patrie, sur la famille
royale, et fut obligée de sortir *incognito* de l'é-
glise pour se soustraire à la foule qui augmentait sans cesse et fermait les passages. Pénétrée
d'un accueil aussi empressé, de douces larmes
sillonnèrent les joues de Son Altesse Royale,
qui s'écria plusieurs fois : « Mon Dieu ! pourrai-
» je jamais être aimée ailleurs autant qu'ici;
» combien mon cœur est touché de cet amour
» et de ces regrets ! »

Désirant voir la place de Gaëte, dont les
habitans se sont dans toutes les circonstances
distingués par leur attachement à la famille
royale, elle y fut accompagnée du Prince héréditaire et du prince Léopold. Ce voyage était
imprévu, rien n'était préparé pour recevoir
les augustes personnages ; mais les bonnes
nouvelles, le cœur les devine, et la Princesse
reçut à son arrivée les hommages de toute la
population. Elle voulut descendre chez M. le
chevalier Bernardino - Médelli, citoyen qui

jouit de la plus haute considération par les bienfaits qu'il répand ; la plus grande partie de sa fortune est employée en œuvres de charité. Quelques personnes lui ayant observé que l'étiquette semblait s'opposer à ce qu'elle descendît chez un simple particulier. « Vous vous » trompez, leur dit-elle ; je logerai chez celui » que le pauvre se plaît à appeler son père. » Rien de plus convenable ; la bienfaisance et la dignité royale s'allient parfaitement ensemble.

Elle adressa les choses les plus flatteuses à M. Bernardino, et reçut partout l'hommage de la plus vive et de la plus sincère reconnaissance.

De retour à Naples, chaque jour, chaque instant furent pour elle un acte de bienfaisance, et faisaient redouter l'instant où, par son départ, on serait privé du bonheur de l'admirer. Ce sentiment général est le plus bel éloge que l'on puisse faire de son cœur et de ses vertus. Heureuse France, s'écriait-on, tu vas posséder ce que l'humanité a de plus parfait, et nos regrets ne peuvent être tempérés que par la conviction que tu la dédommageras de tout ce qu'elle laisse de cher dans ces contrées !

La Princesse, de son côté, ne redoutait pas moins le moment de quitter un père adoré. Mais une espérance consolatrice venait adoucir ses regrets, celle de se trouver unie à une famille, modèle de toutes les vertus, et alliée avec la sienne par les liens du sang.

Le 15 avril, son contrat de mariage fut signé par les plénipotentiaires respectifs, Son Excellence le marquis de Circello et Son Excellence le comte de Blacas.

Le 23 du même mois, l'acte de renonciation fut signé par Son Altesse Royale et Son Excellence le comte de Blacas.

Le 24, on célébra les cérémonies de l'église dans la chapelle royale. Ce fut l'archevêque de Naples qui y procéda. Avant de les commencer, un prêtre, assistant, donna lecture du bref par lequel Sa Sainteté Pie VII, souverain pontife, levait, en vertu de sa pleine autorité, l'empêchement de parenté qui existait entre les deux futurs époux. Après cette lecture, le secrétaire-d'état lut l'acte par lequel Son Altesse Royale le duc de Berry avait choisi pour son procureur à la bénédiction du mariage, Son Altesse Royale le prince Léopold. Son Éminence le cardinal-archevêque demanda alors à Son Altesse Royale le prince Léopold si, en sa qualité de procureur du prince de France, duc de Berry, il voulait prendre pour légitime épouse, suivant le rite de la Sainte-Mère Église, la princesse des Deux Siciles, Marie-Caroline de Bourbon. Ayant reçu le consentement du prince

Léopold, Son Eminence adressa la même demande à Son Altesse Royale la princesse Marie-Caroline, laquelle, après avoir pris le consentement de ses augustes parens et de Sa Majesté le Roi, se rendit devant l'autel pour y accomplir l'acte solennel de sa volonté.

Son Eminence, après avoir béni l'anneau nuptial, le remit au prince Léopold, qui le passa au doigt de la princesse.

La cérémonie des noces terminée, Son Eminence entonna le *Te Deum*, pour rendre grâces au Tout-Puissant, et le canon des forts annonça cet heureux événement à la ville de Naples, dont la joie se manifesta avec le plus vif enthousiasme.

Enfin, le jour fixé pour le départ de Madame la duchesse de Berry étant arrivé, Son Altesse Royale s'embarqua pour la France avec une suite peu nombreuse, emportant les regrets et les espérances de tout un peuple qui, dans le peu de temps qu'elle avait passé avec lui, avait été témoin d'un si grand nombre de traits caractéristiques de bonté, qu'il pouvait l'apprécier, comme si elle eût toujours habité Naples. Son Altesse Royale y a laissé des souvenirs éternels de son humanité bienfaisante.

Une immense population, répandue sur le port, avait les yeux fixés sur le vaisseau qui enlevait l'objet de tous les vœux, élevant les mains au ciel, le conjurant de favoriser le voyage de la princesse ; elle offrait l'intéressant tableau de la vive douleur que causait cette cruelle séparation.

Je ne puis passer sous silence l'arrivée à Marseille de Son Altesse Royale Madame la duchesse de Berry, et l'avantage précieux dont jouit cette ville de la posséder la première.

Ces détails appartiennent à l'histoire ; ils n'intéressent pas seulement une cité, un département, mais la France entière ; je vais les mettre sous les yeux des lecteurs.

Depuis quelque temps la présence de plusieurs personnages de la cour de France avait annoncé à Marseille l'arrivée prochaine de Son Altesse Royale la duchesse de Berry, et alimenté l'extrême curiosité du public. C'étaient M. le duc d'Havré, M. le duc de Levis, et M. le marquis de Mesnard.

Le 21 mai on signala le navire qui apportait, comme en triomphe, à la France, une princesse du sang des Bourbons, devenue chère aux cœurs français à plus d'un titre, et sur qui reposaient tant de vœux d'amour, tant d'espérances de bonheur !

Le jour précédent, M. le chevalier de Villeneuve-Bargemont, commandant la goëlette *le*

Momus, était venu annoncer à Marseille que Son Altesse Royale le suivait de près. Il avait été envoyé au-devant de la princesse, et lui avait conduit des *gardiens* de la santé, de l'administration de Toulon. La mission de ces *gardiens* était d'accélérer le terme de la quarantaine, à laquelle les vaisseaux venant de Naples ne pouvaient éviter de se soumettre.

Voici quel était l'ordre et la composition de l'escorte :

Le vaisseau *le Saint-Ferdinand*, de 80 canons, capitaine Staiti.

La frégate *la Christine*, capitaine le commandeur Baron.

La corvette *la Renommée*, capitaine de Blazi.

La goëlette *le Momus*, capitaine M. de Villeneuve.

Deux autres frégates, *la Néréide* et *la Fleur-de-Lys*, qui croisaient à quelque distance des îles d'Hières, en attendant la princesse, et qui l'accompagnèrent dans la rade de Marseille.

La frégate qui portait la princesse et sa suite, le vaisseau et la corvette, appartenant tous trois à la marine de Sa Majesté le Roi de Naples, avaient mis à la voile, et étaient partis le 14 à dix heures du matin. Les deux premiers jours furent pénibles ; le temps était douteux, et la princesse eut une légère indisposition.

Pendant le reste de la navigation le temps fut superbe , et la princesse jouissant de la meilleure santé , fit paraître une gaîté charmante. Le 21, enfin, par le jour le plus beau et le temps le plus calme , le soleil était radieux et le ciel sans nuages , la nouvelle duchesse de Berry toucha les rives de la Provence.

Dès que sa petite escadre fut en vue de la côte, M. le préfet et M. le maire , avec MM. les intendans de la santé , se mirent dans un canot pour aller au-devant de Son Altesse Royale , qu'ils rencontrèrent au moment où la frégate napolitaine qui la portait venait de mouiller à Endoume.

M. le préfet adressa d'abord au commandant de la frégate diverses questions relatives à l'observation des réglemens établis pour la conservation de la santé publique. Puis , passant à la poupe du bâtiment, le préfet, le maire et les intendans de santé eurent l'honneur d'y voir, à l'une des croisées de la salle du conseil, Son Altesse Royale la princesse Caroline , qui reçut leurs hommages et celui de plusieurs officiers supérieurs des différens corps. La musique de la légion des Bouches-du-Rhône fit entendre plusieurs airs, et sur-tout un air napolitain, auquel la princesse parut prendre grand plaisir.

Son Altesse Royale ayant annoncé qu'elle débarquerait à deux heures, le bateau portant le préfet, le maire et les intendans de la santé, se dirigea sur le Lazaret, où ces fonctionnaires réunis devaient attendre la princesse. La garde nationale, la garde royale et la légion des Bouches-du-Rhône étaient venus se ranger en bataille sur la Tourette et sur la montée du Lazaret. A deux heures, la princesse descendit de son bord et s'avança vers le Lazaret, suivie d'une foule de bateaux occupés, les uns par des personnages distingués, et le plus grand nombre par une foule de personnes impatientes de jouir de la vue de Son Altesse Royale.

Les vaisseaux de l'escorte, une frégate venue de Toulon, et tous les navires de la rade étaient pavoisés de bonne heure. Le canon des forts et des vaisseaux se faisait entendre. Les sons d'une musique militaire s'unissaient à ce bruit formidable, signal des combats meurtriers, et qui dans ce jour était celui du bonheur et de l'allégresse. Une multitude de spectateurs étaient groupés sur les hauteurs de la Joliette et de la côte opposée.

Son Altesse Royale, dans une barque dorée, dont l'éclat s'augmentait en réfléchissant les feux du soleil, et qui portait le pavillon rouge et blanc, s'avançait, suivie d'une foule de bateaux qui voguaient après elle, et formaient le plus agréable cortége. La mer dans le calme le plus parfait, le jour le plus beau et le plus screin, ajoutaient encore à ce spectacle enchanteur, et chacun éprouvait une émotion de surprise et de plaisir.

La princesse paraissait très-sensible aux cris de joie élancés jusqu'aux cieux, et dont elle était l'objet.

Arrivée au port du nord du Lazaret, elle débarqua et fut se placer sous une tente qu'on avait disposée en cet endroit. Elle y trouva M. l'ambassadeur, M. le préfet, M. le maire, MM. les intendans de la santé, et madame la comtesse de la Ferronnays, dont le zèle, devançant l'époque qui devait l'attacher à S. A. R., et bravant les obstacles ainsi que les dangers, lui fit demander la faveur de s'enfermer avec la princesse au Lazaret pendant toute la quarantaine.

Là, M. le préfet, M. le maire, M. le président, eurent l'honneur de haranguer successivement Son Altesse Royale, qui les écouta avec l'attention la plus touchante.

M. le préfet lui adressa le discours suivant :

« Madame,

» La France entière nous envie le bonheur dont nous jouissons au moment, mille fois désiré, où nous recevons l'auguste princesse que la plus heureuse alliance vient réunir à la famille de nos Rois.

» Votre Altesse Royale en faisait déjà partie ; elle avait des titres chers et sacrés à notre respectueux intérêt, et tous nos souhaits ont été accomplis, en apprenant l'événement si bien fait pour mettre le sceau à la félicité que le retour du souverain légitime a fait luire sur la France, agitée jusques-là par tant d'orages.

» Recevez donc avec quelque bienveillance, Madame, l'hommage d'un peuple dévoué, qui ne vous sépare pas de ses affections des princes qu'il chérit, et auquel, en des momens critiques, il donne des gages de la plus courageuse fidélité.

» Nous en avons la récompense, puisque deux monarques, grands dans le malheur, dont la restauration calme tous les maux des révolutions et des guerres, tous deux révérés de leurs peuples, puisqu'ils appartiennent l'un et l'autre à la maison de Bourbon, ont choisi l'excellente ville de Marseille pour le lieu de votre

entrée dans votre nouvelle patrie. Votre Altesse
Royale ne fera pas un seul pas dans le département des Bouches-du-Rhône , sans trouver
l'expression aussi vive que profonde , aussi
franche que respectueuse , des vœux que partout on forme pour votre bonheur, et de tous
les sentimens dont je suis si heureux d'être le
premier interprète. »

M. le marquis de Montgrand, maire, s'exprima en ces termes :

« Madame,

» Votre Altesse Royale , en venant aborder
sur ces plages, récompense de la manière la plus
flatteuse une ville qui , par ses sentimens et la
conduite qu'elle a tenue, a mérité que le meilleur
des monarques l'ait appelée *la Ville excellence.*
Des lois impérieuses , que la sagesse de nos Rois
a sanctionnées, pour garantir leurs peuples du
plus horrible fléau , condamnent la ville de
Marseille à voir encore différer le jour , si im-
patiemment attendu , où ils pourront jouir de
la présence de Votre Altesse Royale. L'administration de la santé a seule le droit , tant que
Votre Altesse Royale daignera se conformer à
ces lois sanitaires, de lui offrir ses hommages
et ses soins. Quant à moi qui , en qualité de
premier magistrat de la ville de Marseille , suis

appelé à partager cette heureuse prérogative, j'apprécie trop mon honneur pour ne pas penser à tous mes concitoyens qui me l'envient, et vous prier, Madame, d'agréer, dès aujourd'hui, leurs sentimens d'amour et de respect pour l'auguste princesse qui vient assurer leur félicité. »

La Princesse, suivie du cortége le plus brillant, se rendit ensuite dans les appartemens qui lui étaient destinés. Le goût le plus pur avait présidé à leur décoration, et l'on avait réussi à joindre l'utile à l'agréable.

Le 22, S. A. R. assista à la messe, qui fut célébrée dans la chapelle du Lazaret, et au *Te Deum* qu'on y chanta en réjouissance de son arrivée ; de-là elle se rendit en calèche au parloir, où la duchesse de Reggio lui fut présentée par M. le duc d'Avré, qui, le soir, à cinq heures, lui présenta aussi, au même parloir du Lazaret, une partie des officiers de sa maison, et plusieurs autres personnages des plus distingués.

Le 23, Son Altesse Royale entendit la messe à neuf heures. Le soir, à cinq heures, M. le duc d'Avré lui présenta encore quelques personnes de sa maison, ainsi que plusieurs autres qui n'avaient pas encore joui de cet honneur ; et le même soir, à six heures et demie, la Princesse s'embarqua sur un canot magnifique

6*

qui avait été mis à sa disposition pour y faire une promenade sur l'eau. M. le préfet, M. le maire, et MM. les intendans de la santé, dans deux autres canots, escortèrent celui de la Princesse Royale, qui fut entouré d'une foule de bateaux sortis du port et remplis de personnes empressées de jouir de la vue de Son Altesse Royale. Pendant cette promenade, une multitude immense couvrait le rivage, depuis le Lazaret jusqu'à l'extrémité de l'esplanade de la Tourette, et exprimait sa joie par les plus vives acclamations. Arrivés à l'embouchure du port, le canot de la Princesse, et ceux qui l'accompagnaient, avaient peine à voguer au milieu de la multitude des bateaux qui l'attendaient en ce lieu. MM. les intendans de la santé voulant alors procurer à la Princesse un spectacle agréable, et aux habitans de Marseille une vive satisfaction, pensèrent qu'en accompagnant soigneusement le grand canot, comme ils avaient fait jusqu'alors, de manière à ce qu'aucun bateau ne pût communiquer avec lui, il n'y avait nul inconvénient à ce que la Princesse entrât dans le port. Cette heureuse idée fut exécutée à l'instant. Le canot de la Princesse, précédé et suivi des canots de la santé, entra majestueusement dans le port, aux acclamations d'une grande partie de la population, qui accourut rapidement sur les quais, d'un nombre infini de personnes placées sur des bateaux, et des équipages de tous les navires. La Princesse, debout sur l'arrière du canot, se montrait à tous les regards, saluant affectueusement ce peuple ravi de la voir, et témoignant la plus vive sensibilité.

Le canot vint jusqu'à quelques distances du quai de la Cannebière, d'où la princesse put voir cette belle partie de la ville : il tourna ensuite lentement pour regagner l'embouchure du port, et la princesse fut de retour au lazaret à huit heures. Elle daigna témoigner à M. le préfet et à M. le maire, qui, avec MM. les intendans de la santé, la reconduisirent, sa satisfaction sur cette promenade, qu'elle demanda à renouveler le dimanche suivant.

La princesse était ce jour-là habillée avec la plus élégante simplicité. Elle s'appuyait d'une main sur la galerie qui la séparait des rameurs, et contemplait avec attendrissement ce peuple que son doux aspect comblait de joie. *Ah!* dit-elle aux personnes qui se trouvaient dans le canot, *je ne suis peut-être pas faite aux larmes, mais aujourd'hui il faut que je les laisse couler.*

Le canot que montait la princesse était conduit par M. le chevalier de Villeneuvs, qui, en vertu de son droit, avait voulu remplir les fonctions de *Maître-Patron de la barque.*

Le jeudi 3o mai avait été fixé pour l'entrée de Son Altesse Royale Madame la duchesse de Berry dans la ville de Marseille. Les règles du cérémonial exigeant que cette entrée eût lieu par mer, Son Altesse Royale s'embarqua sur un canot de la marine royale, qui la conduisit du lazaret à l'hôtel-de-ville, qui fut considéré comme local neutre, et qui avait été choisi pour la remise de sa personne. Ce canot, commandé par M. le commandeur de Damas, capitaine de vaisseau, fut conduit seulement par des matelots du Roi, et escorté par cent vingt hommes de la garde nationale, et trente grenadiers de la légion des Bouches-du-Rhône, avec un drapeau.

Rien ne fut plus touchant que le moment où Son Altesse Royale prit la plume pour signer l'acte de remise de sa personne. Ses yeux se mouillèrent de larmes, elle les leva vers le ciel; une douce mélancolie se répandit sur tous ses traits, et elle signa..... Bientôt sa physionomie reprit toute sa sérénité. Cependant il lui restait encore une séparation douloureuse à effectuer. Elle fut vivement émue en faisant ses adieux aux dames napolitaines qui l'avaient accompagnée, et leur adressa les choses les plus flatteuses ; et les nouvelles larmes de la princesse en firent verser à tous les témoins de cette scène attendrissante.

M. Cromot de Sougy, conseiller-d'état, nommé par le Roi pour assister et signer, conjointement avec M. le duc d'Avré, l'acte de remise de Son Altesse Royale, partit aussitôt et rapporta cet acte à Sa Majesté, à laquelle il rendit compte de sa mission. Il fut assez heureux pour n'avoir à donner au Roi que les détails les plus satisfaisans pour son cœur, puisqu'il ne pouvait peindre que bien faiblement les sentimens qui éclatèrent au milieu d'une immense population, au moment de la réception de l'auguste princesse, digne objet des vœux et des hommages de la France. Jamais un plus beau jour n'avait éclairé la ville de Marseille, depuis celui auquel se rattache le plus doux souvenir, celui du voyage que fit jadis dans cette ville le Roi, alors Monsieur, comte de Provence.

Si madame la duchesse de Berry reconnut dans les transports des premiers Français qui se pressaient sur son passage, l'amour d'un peuple à jamais fidèle au meilleur des Rois, ces mêmes Français reconnurent à leur tour, à l'émotion touchante de la jeune princesse, cette bonté tutélaire qui caractérise l'auguste famille

des Bourbons. Elle put connaître, dès son débarquement, que l'ivresse et les transports des
habitans de Marseille et du peuple de la Provence n'étaient que le signal et le présage de
l'accueil qu'elle devait partout recevoir sur son
passage, car villes, villages, hameaux, tout,
depuis Marseille jusqu'à Paris, lui préparait
l'hommage de ses espérances et de ses vœux,
de son respect et de son amour.

La jeune princesse montra, dès son arrivée
à Marseille, à toutes les personnes qui eurent
l'honneur de l'approcher, une présence d'esprit
et une amabilité de caractère faites pour séduire
les Français. Elle trouva les moyens d'adresser
quelque chose de flatteur et de convenable à
chacune des personnes qui s'étaient rendues
au-devant d'elle par ordre de la Cour. La première fois que M. le duc de Lévis fut admis à
lui présenter ses hommages : « Je remercierai
» Sa Majesté, lui dit-elle, et Son Altesse Mon-
» seigneur le duc de Berry, de vous avoir nommé
» mon chevalier d'honneur. Je connaissais déjà
» votre nom, j'ai entendu parler avec éloge
» de vos ouvrages, et je suis charmée de vous
» connaître. »

Lorsque M. le duc d'Avré eut l'honneur de
de la complimenter, il voulut lui adresser la
parole en italien : « Parlez-moi en français,

» M. le Duc, je ne connais plus d'autre langue. »

Ne devant conserver à son service aucun étranger, lorsqu'elle fit ses adieux à ses serviteurs, elle leur adressa la parole les larmes aux yeux, en leur disant : « Je suis maintenant Française ; je me dois toute entière à un peuple » qui me montre autant d'empressement, je » veux mériter son amour. »

Je ne rapporterai point ici les fêtes superbes que lui donna la ville de Marseille, ce serait affaiblir les sentimens qu'exprimèrent ses fidèles habitans, premiers interprètes du cœur de tous les Français.

La ville de Toulon n'était pas moins jalouse de jouir de la présence de l'auguste Princesse, qui, cédant à ce noble désir, partit de Marseille pour s'y rendre, le vendredi 31 mai, à huit heures du matin. Son voyage fut une fête continuelle. La population des villages, à six et huit lieues à la ronde, se pressait sur les chemins. Des arcs de triomphe s'élevaient à chaque pas, et, malgré l'aspérité de la contrée, après Aubagne, on peut affirmer que la route que parcourut Son Altesse Royale était couverte de fleurs. Le préfet du département, les chefs supérieurs de terre et de mer de la division, s'étaient portés à la rencontre de la Princesse. A l'entrée du territoire de Toulon, elle fut reque par le maire et conduite à son palais, dans une calèche traînée par le peuple, qui en avait dételé les chevaux. Toutes les autorités civiles et militaires lui présentèrent leurs hommages, et dans l'après-midi elle visita le port et l'arsenal. Un canot magnifique la porta à bord du vaisseau amiral, et les canons de la flotte lui donnèrent le salut royal. Rien ne peut donner l'idée de ce superbe moment. Les huzzas des équipages, répétés par cent mille spectateurs qui couvraient la rade, portés sur des canots et des chaloupes, ne peuvent s'exprimer. Pendant la nuit le port et la rade de Toulon sembla une mer embrasée, et la flotte étincela de lampions de toutes couleurs.

Enfin, il est impossible de rendre l'enthousiasme que produisit à Toulon la présence de Son Altesse Royale, et le spectacle des fêtes prodiguées à cette jeune princesse, qui réunissait les deux tiges séparées des Lys, et qui apportait en dot à la France de si riches espérances.

Peuple, soldats, marins, magistrats, tous éprouvaient les mêmes sentimens; on suivait tous les pas de la princesse, qui, touchée de ces témoignages d'amour, le manifesta plusieurs fois de la manière la plus touchante. Cependant, au milieu des hommages et des acclamations, son cœur, tout entier à la bienfaisance, lui fit s'informer avec soin du sort des matelots et des secours que reçoivent les veuves et les invalides.

Dès le grand matin elle parvint à se dérober aux empressemens de tous ceux qui l'entouraient, et, accompagnée d'une seule dame d'honneur et d'un ecclésiastique, elle se rendit à l'hôpital de la marine ; elle en parcourut les salles, s'entretint avec les dames de Charité, et goûta le pain et le bouillon des malades. Sa bonté lui gagna tous les cœurs. Quelques voix ayant fait entendre les cris de *Vive le Roi ! Vive Madame la duchesse de Berry !* Son Altesse dit à la supérieure : « Les souhaits que » font pour les princes les pauvres et les » infirmes portent bonheur ; je les entends » avec plaisir ; cependant je pars, je ne vou- » lais pas être connue. » Elle fit remettre en même-temps, par son aumônier, 2,000 fr. en or, pour être distribués aux militaires invalides ; plusieurs familles malheureuses reçurent aussi des secours à domicile, et virent adoucir leur infortune par la bienfaisance de la Princesse.

La ville de Lyon ne se distingua pas moins que celles de Marseille et de Toulon par les fêtes magnifiques qu'elle offrit à Son Altesse Royale. Elle trouva à Saint-Pierre MM. de la

Chambre du Commerce, qui lui firent hommage d'une superbe corbeille, contenant des étoffes provenant des manufactures de Lyon. La jeune princesse accueillit ce présent avec une grâce charmante, et se dépouilla de son schall pour se revêtir d'un de ceux qui lui étaient présentés. Elle choisit en même-temps une des étoffes pour qu'on lui en préparât de suite une robe, pour le spectacle, où elle avait consenti de se rendre le soir.

S'il fallait rapporter toutes les fêtes qui lui furent données sur son passage, ce serait rapporter presque toujours la même chose, puisque chaque ville, chaque hameau, chaque village rivalisèrent de zèle pour lui témoigner l'amour qu'elle inspirait; ainsi, l'on peut dire, à juste titre, que dans tout le chemin que Son Altesse Royale parcourut, depuis son débarquement jusqu'à la capitale, ce ne fut que des dômes de fleurs et de verdure.

L'itinéraire du voyage de Son Altesse Royale avait été calculé de manière à ce qu'elle arrivât le samedi 15 juin, à Fontainebleau, et il ne fallut rien moins que le désir d'être agréable à Sa Majesté, pour que les habitans des départemens ne retinssent pas plus long-temps Madame la duchesse de Berry, dont la présence répandait partout une allégresse et un contentement que l'on cherchait à exprimer de la manière la plus ingénieuse.

Sa Majesté, qui avait été précédée par les princes de son auguste maison, partit de Paris le 12, et arriva le même jour à Fontainebleau, après avoir reçu sur sa route les hommages de la population entière. Enfin, le soleil éclaira ce jour si désiré, ce jour si universellement attendu, ce 15 juin, à jamais mémorable dans nos annales, et qui promettait à la France le plus doux avenir.

Dès le matin, une foule considérable d'habitans des villages environnans s'était réunie au village de Bouron, qui est situé au milieu de la forêt, à une lieue de l'endroit marqué pour l'entrevue. De jeunes filles, vêtues de blanc, attendaient la princesse pour lui présenter des fleurs, et les villageois, revêtus de leurs habits de fêtes, faisaient éclater leurs transports avec une naïveté préférable à tous les discours d'apparat. C'était l'élan du cœur, l'élan de la nature. Cependant ce n'était que le prélude de la scène touchante qui devait avoir lieu dans l'endroit où la jeune princesse de Sicile devait aborder ses augustes parens. Ce fut à la croix de Saint-Hérem, à une lieue de Fontainebleau, sur la route de Nemours, où l'on avait dressé deux tentes, décorées en-dedans avec ma-

gnificence , entourées de verdure , et sur-
montées de drapeaux blancs , que se passa
cette première entrevue. A deux heures et
demie les voitures de la cour arrivèrent de
Fontainebleau , et les voitures de la princesse
se rendirent en même temps au lieu du rendez-
vous , du côté de Nemours. En abordant le
Roi, elle voulut fléchir le genou; mais Sa Majesté
s'empressant de la relever, l'embrassa à deux
reprises , et la présentant aux membres de la
famille royale , ce prince lui dit : « Madame ,
» voici d'abord votre mari ; moi , je suis votre
» père ; voilà votre frère , et voilà notre ange ,
» ajouta le Roi, en lui montrant Madame la
» duchesse d'Angoulême , qui arrêtait sur la
» princesse de Naples des regards pleins de
» douceur, comme une tendre mère , témoin
» des hommages que l'on rend à sa fille. »

Jamais la figure du Roi n'avait exprimé plus
de bonté qu'au moment où il prononça ces
paroles, qui furent suivies des cris , répétés
par les échos de la forêt, de *Vive le Roi !*
Vivent les Bourbons !

Son Altesse Royale le duc de Berry, dont
les traits respiraient la joie et le bonheur, offrit
la main à sa jeune épouse, tandis que Sa Majesté
se tenait à sa droite. Sa Majesté étant remontée
dans sa voiture avec Madame la duchesse de

Berry et toute la famille royale, le cortége reprit le chemin de Fontainebleau, et rentra au château par la grande cour du Cheval-Blanc.

Avant que de passer au récit de l'arrivée de Madame la duchesse de Berry, qu'il me soit permis de rappeler une anecdote, qui ne fait pas moins d'honneur au cœur qu'à l'esprit de son auteur. Les hommages que reçut Son Altesse Royale depuis Marseille jusqu'à Fontainebleau l'ont souvent attendrie ; mais le suivant l'a fort égayée.

Le curé d'une petite commune, qui se trouvait sur la route que tenait la princesse, se présenta pour la haranguer. Ce bon pasteur crut de son devoir d'adresser à Son Altesse Royale une petite instruction pastorale sur les devoirs que le mariage impose. Après ce discours, il lui dit : « Madame, je crains d'avoir fatigué l'at- » tention de Votre Altesse par des choses un » peu sérieuses ; permettez que le troubadour » vous désennuie du curé. » De suite il se mit à chanter des couplets agréables, sur des airs si dansans, que l'on assure qu'il résistait assez mal au besoin d'en suivre les mouvemens. Cette gaîté toute naïve divertit beaucoup Madame la duchesse de Berry.

Dans la matinée du 16, la cour s'étant mise en marche pour Paris, trouva, sur toute la route, l'expression des sentimens de la joie la plus vive et la mieux sentie.

De Fontainebleau jusqu'à Paris il y avait plus de vingt arcs de triomphe en verdure ; sur celui de Melun on lisait cette inscription courte, mais bien expressive :

Non major causa lætitiæ.

Tous les villages des environs de Melun avaient élevé sur la route des arcs de triomphe en feuillage ; celui de Lieursaint, surtout, se faisait remarquer par sa touchante simplicité. On se rappelle que c'est dans ce village que se passe le troisième acte de *la Partie de Chasse d'Henri IV*. En faisant allusion à l'anecdote historique qui a fourni le sujet de cette pièce, les habitans de Lieursaint avaient placé cette inscription sur leur arc de triomphe :

Les successeurs de Michau,
Aux illustres rejetons de Henri IV.

Ce fut donc ainsi que nos augustes voyageurs arrivèrent, sur les quatre heures, à la barrière du Trône, par une route semée de fleurs et décorée de devises, d'emblêmes, et d'ingénieuses pensées exprimées avec ces sentimens dignes des objets chéris qui en étaient le motif.

Dès le matin, Paris offrit un spectacle

tacle bien intéressant. La foule se porta sur l'immense étendue que devait parcourir le cortége de Sa Majesté, et ne forma nulle part une confusion dangereuse ; un ordre parfait s'était établi comme de lui-même : l'expression d'une douce joie celle de la confiance et de l'union, régnaient sur toutes les physionomies. Il est impossible de rendre avec fidélité l'effet que produisaient les décorations dont chaque maison, chaque fenêtre, avait été embellie. Une seule expression peut ici être admise : Paris entier était *pavoisé.* Le faubourg St.-Antoine offrait particulièrement un spectacle dont on ne peut se faire une idée. Toutes les fenêtres étaient ornées de fleurs et de drapeaux ; chacun avoit rivalisé de zèle ; chacun avait voulu sur-passer son voisin. Heureuse lutte d'amour et de fidélité pour notre digne monarque! A chaque pas, la Princesse rencontra des couronnes, des allégories, qui durent plaire à son esprit et à son cœur. Ici, des devises respirant l'a-mour que les Français portent à leurs Princes ; là, des chiffres enlacés qui, dès l'instant qu'ils étaient touchés, tombaient en pluie de fleurs ; et par-dessus tout cela, des acclamations bien franches, bien sincères, des cris de *Vive le Roi!* *Vivent les Bourbons!* répétés en chœur par tout le monde. Tel fut le tableau qu'offrit le faubourg St.-Antoine. Enfin, l'on peut dire que c'est sous une double voûte de drapeaux blancs, de tous les emblèmes qui peuvent caractériser les sentimens du peuple de Paris, que c'est au milieu d'acclamations continuelles que le cortége de Sa Majesté parcourut l'espace qui sépare l'extrémité du faubourg St.-Antoine des Tuileries.

Après avoir reconnu sur la physionomie du monarque la douce impression des sentimens qui flattaient son cœur paternel, tous les yeux cherchaient la jeune princesse qui unissait son sort à un fils de France pour le bonheur de deux peuples et pour la prospérité d'une auguste maison.

Chacun était frappé de l'expression de douceur et d'affabilité qui caractérise Son Altesse Royale Madame la duchesse de Berry, et de la grâce naturelle et touchante avec laquelle elle recevait les hommages unanimes de la capitale.

Le Roi et son auguste famille arrivèrent vers six heures au château des Tuileries, toujours accompagnés d'un concert de vœux et de bénédictions, qui n'avaient cessé de se faire entendre. Une foule immense se répandit dans la cour et dans le jardin ; des grouppes nombreux d'habitans, de gardes nationaux, de militaires,

parcoururent les environs du château aux cris
de *Vive le Roi*! et en répétant les airs chéris
des Français. Bientôt la ville entière se trouva
illuminée, et l'allégresse publique se prolongea
si avant dans la nuit, que peu d'heures séparèrent le beau jour qui venait de finir, de
celui qui devait le suivre.

Le marquis de Brezé avait adressé, le 3 mars,
d'après les ordres de Sa Majesté, à M. le curé de
la paroisse de Saint-Germain-l'Auxerrois, avec la
lettre suivante, le ban qui devait être publié.

Mariage de Monseigneur le Duc de Berry.

«Le grand-maître des cérémonies de France,
après avoir pris les ordres du Roi, a l'honneur
d'adresser ci-joint à M. le curé de la paroisse de
Saint-Germain-l'Auxerrois, le modèle du ban
qu'il voudra bien faire publier, demain dimanche, à l'occasion du mariage de monseigneur le duc de Berry avec la princesse Marie-
Caroline des Deux-Siciles.

«Le grand-maître des cérémonies prie M. le
curé de Saint-Germain-l'Auxerrois d'agréer
l'assurance de sa parfaite considération.

«Le marquis de Dreux-Brezé. »

En conséquence de cette lettre, M. le curé
de Saint - Germain - l'Auxerrois fit , après la
première grand'messe, la publication suivante:

7*

PUBLICATION DE BANS.

Il y a promesse de Mariage,

Entre très-haut, très-puissant prince Charles-Ferdinand d'Artois, duc de Berry, fils de France, fils de très-haut et très-puissant prince Charles de France, Comte d'Artois, Monsieur, frère du Roi, et de feu très-haute et très-puissante princesse Marie-Thérèse de Savoie, Madame, Comtesse d'Artois, son épouse, d'une part;

Et très-haute et très-puissante princesse Marie-Caroline, princesse des Deux-Siciles, fille de très-haut et très-puissant prince François-Janvier-Joseph, prince héréditaire des Deux-Siciles, et de feu très-haute et très-puissante princesse Marie-Clémentine, Archiduchesse d'Autriche, son épouse, d'autre part;

Pour copie conforme à l'original, approuvé et signé de Sa Majesté, resté entre mes mains.

Le grand-maître des cérémonies de France,

Le marquis de DREUX-BRÉZÉ.

La journée du 17 juin 1816 fut encore plus brillante que toutes celles qui l'avaient précédée. A dix heures une députation du corps municipal se rendit à Notre-Dame pour assister à la cérémonie du mariage de Son Altesse Royale monseigneur le duc de Berry. Le Roi, dont la bienfaisance saisit toutes les occasions pour se manifester, ayant désiré qu'on employât en œuvres charitables la somme destinée au feu d'artifice, le corps municipal, pour répondre à ses vues paternelles, avait fait choix de quinze orphelines qui furent dotées au nom de la ville, et qui, après avoir été mariées civilement le matin, et avoir reçu la bénédiction nuptiale dans leurs paroisses respectives, se trouvèrent aussi à la cathédrale, afin d'être présentées à Sa Majesté.

L'intérieur de l'église, décoré avec la plus grande magnificence, et occupé par les différens corps de l'état, le corps diplomatique et les personnages les plus marquans de la cour et de la ville, offrait un coup-d'œil aussi magnifique qu'imposant. A onze heures, le Roi et toute la cour se rendirent à Notre-Dame au milieu d'une foule immense qui faisait retentir les airs des cris réitérés de *Vive le Roi! vivent les Bourbons!* Des drapeaux fleurdelisés flottaient à toutes les fenêtres; on en voyait jusqu'aux mansardes des maisons les plus élevées.

L'on essayerait vainement de rendre fidèlement un pareil tableau. Ceux des spectateurs qui n'avaient pu, à cause de la foule, se tenir sur la droite de la Seine, et qui s'étaient rendus

sur la gauche, répondaient aux cris d'allégresse
qu'inspirait la présence de l'auguste famille des
Bourbons; et la musique des différens corps
militaires, se mêlant à ces cris, semblait être
l'écho des deux rives.

Les cent-suisses et la garde nationale marchaient à côté de la voiture du Roi. Les traits
de cet excellent prince respiraient la bonté et
la satisfaction, on voyait qu'il associait tous ses
sujets au bonheur de sa famille. Il ramenait ensuite avec complaisance ses yeux sur Madame
la duchesse de Berry. Cette jeune princesse
saluait avec grâce la multitude, et paraissait
sensiblement touchée des témoignages de la
joie publique.

Madame manifestait aussi la plus vive satisfaction. Il n'est pas besoin de dire que Monseigneur le duc de Berry, qui était l'objet de la
fête, semblait éprouver les plus douces émotions. Monsieur, le modèle des pères, dont le
cœur est si noble et l'âme si loyale, et Monseigneur le duc d'Angoulême, si tendrement
attaché à son frère, paraissaient n'avoir jamais
été plus heureux.

Quel Français aurait pu retenir les douces
larmes de la sensibilité, en voyant une si auguste réunion, et cet échange si sincère d'un
amour réciproque entre les princes et le peuple!

L'on peut dire avec certitude qu'à dater de cette mémorable journée, le Français est redevenu digne de ses ancêtres.

Sa Majesté étant arrivée à midi à la Métropole, fut haranguée par M. Jalabert, à la tête du chapitre métropolitain.

« Je suis très-touché, répondit le Roi, des
» sentimens de Messieurs du chapitre de Paris;
» c'est pour consacrer le bonheur de mon
» peuple que j'ai voulu qu'une union si chère
» à mon cœur fût célébrée dans la Métropole,
» sous l'invocation de la Mère de Dieu, l'auguste patrone de cette Eglise, la protectrice
» de la France et de ma famille. »

Le Roi et tous les princes s'avancèrent au pied des autels, où Monseigneur le grand-aumônier attendait les illustres époux. Ce vénérable prélat leur adressa une exhortation touchante, digne de la circonstance, exprimée avec autant d'élégance que de noblesse, et procéda à l'auguste cérémonie, dans laquelle tout rappelait les titres de la maison de Bourbon au respect et à l'amour des Français. Des écussons placés au haut du cœur retraçaient les circonstances les plus importantes du retour de Sa Majesté dans ses Etats et de sa résidence parmi nous. Au milieu de magnifiques trophées se trouvaient les images de Saint-Louis, de Saint-

Ferdinand, de Saint-Charles, de Saint-Stanislas, de Sainte-Marie, Sainte-Thérèse, Saint-Joseph, dont les noms ont été portés par les augustes aïeux des illustres époux. Louis XIII et Louis XIV représentés à genoux, implorant la protection de la Reine des Anges, semblaient appeler la bénédiction du ciel sur leurs enfans. Des inscriptions placées en quelques endroits, la richesse des décorations, le nombre prodigieux des spectateurs, l'enthousiasme qui se montrait de toutes parts, le recueillement religieux qui succéda aux plus vifs élans de la joie, tout portait dans l'âme cette douce et religieuse émotion du bonheur et du respect.

La messe finie, ainsi que la cérémonie du mariage de Monseigneur le duc de Berry, le Roi s'approcha des couples dotés par la ville, et qui étaient restés placés un peu en avant de l'orgue, dans l'église. M. Paulmier, adjoint au maire du premier arrondissement, à l'instant où S. M. arriva près des jeunes mariés, s'avança et eut l'honneur de les présenter au Roi, en lui disant:

« S I R E ,

» J'ai l'honneur de présenter à Votre Majesté » les jeunes mariés dotés à l'occasion de cette au- » guste alliance. Il se rappelleront toujours qu'ils » doivent leur bonheur à votre bonté pater-

» nelle , et ce jour, le plus beau de leur vie ,
» restera profondément gravé dans leur cœur.
» Nous sommes heureux , Sire , d'être les in-
» terprètes de leur reconnaissance. »

Le Roi, vivement ému , s'arrêta, et répondit
avec bonté : « Soyez heureux , mes amis ,
» soyez toujours unis ; priez souvent Dieu
» pour mes enfans et pensez toujours à moi. »

A ces paroles paternelles de Sa Majesté , les
jeunes époux ne purent retenir leurs larmes.
Deux orphelines s'avancèrent , et l'une d'elles
présenta au Roi une couronne de fleur d'orange,
que S. M. daigna accepter avec bonté ; l'autre
s'avança vers Son Altesse Royale MADAME, pour
lui offrir une semblable couronne ; mais Son
Altesse Royale, en lui souriant avec grâce ,
lui indiqua de la main Madame la duchesse
de Berry, qui daigna accepter cet hommage
de la candeur et de la reconnaissance à la
vertu.

Après cette scène attendrissante , le cortége
se remit en marche pour le château des Tuileries , et recueillit sur son passage les mêmes
acclamations , le même enthousiasme qu'à son
arrivée à la Cathédrale.

Ce jour, consacré à la joie la plus pure , se
termina par les marques les plus expressives

de l'allégresse générale, inspirée par cet auguste hymen. De brillantes illuminations signalèrent cet heureux événement.

La religion déploya, pour sanctifier cette union, toute la pompe de ses cérémonies, et le respectable prélat chargé de l'auguste fonction de bénir une alliance qui assurait à jamais les destins de la France, saisit cette occasion pour adresser aux illustres époux un discours (que nous allons rapporter), et dans lequel on trouve ces saintes maximes et cette douce morale qui, rappelant à l'homme ses premiers devoirs, le rapprochent de la divinité.

Discours prononcé par Monseigneur le Grand-Aumônier.

« Monseigneur et Madame,

» Une politique toute mondaine, qui trop souvent décide de l'alliance des princes, et qui ne trompe aussi que trop souvent l'attente des peuples, n'a point présidé à celle dont nous sommes aujourd'hui les heureux témoins, et sur laquelle nous aimons à fonder nos espérances les plus chères.

» Une providence particulière, des motifs supérieurs aux conseils ordinaires de la prudence humaine, en ont inspiré le dessein et préparé le succès.

» Dans une circonstance si importante, à laquelle se rattachent les perpétuelles destinées de la monarchie, le Roi, dirigé par cette sagesse d'en-haut, qui donne toujours aux princes *des pensées qui leur conviennent*, n'a consulté que le bonheur de son peuple et nos véritables intérêts.

» Il avait compris, ce Roi dont le cœur égale la sagesse, et dont le jugement est une règle toujours sûre, qu'après avoir plus d'une fois dicté des lois à l'Europe, la France, fatiguée, n'avait plus besoin que de repos; que, malgré son état d'épuisement, elle serait encore assez riche de sa paix, et qu'elle ne demandait qu'à respirer long-temps sous la protection et l'amour de ses princes, en multipliant autour du trône les grands exemples de vertu, et lui assurant sur-tout le premier de ses biens, celui qui avait préparé et affermi ses longues prospérités, la religion de Clovis, de Charlemagne et de Saint-Louis.

L'alliance la plus désirable pour elle n'était donc pas celle qui pouvait accroître sa puissance, étendre sa domination, multiplier ses richesses ou augmenter la force de ses armes, mais celle qui devait lui rapporter la réunion d'avantages plus précieux et plus nécessaires à son bonheur.

» Nous le disons sans orgueil, ils ne pouvaient se trouver à-la-fois réunis, ces précieux avantages, que dans l'antique maison de nos Rois, dans cette famille, non - seulement la plus grande sans comparaison, la plus illustre, de tout l'univers, mais encore la plus douce et la plus paternelle qui fût jamais, dans cette famille, enfin, *toute Française et toute chrétienne.*

» Aussi, notre sage et généreux monarque, semblable au vénérable chef de cette race bénie que le Seigneur devait, dans la suite des âges, favoriser d'une manière si étonnante, plein de confiance dans la protection divine dont il a ressenti les prodigieux effets, n'a-t-il voulu donner aux deux princes, qu'il regarde comme ses enfans, que des *épouses de leur propre sang :* celle qu'il a choisie pour vous, Monseigneur, la France la reçoit encore de sa main, comme un nouveau gage de son amour pour elle, et la religion, comme le témoignage le plus solennel de son zèle pour la foi. Il ne nous est point permis, Monseigneur, de vous parler ici du mérite et des qualités personnelles d'une princesse que l'estime de deux excellens Rois ont déjà mise au-dessus de nos éloges;

elles vous assurent à jamais, Monseigneur, sa
confiance, sa tendresse : l'amour de votre véritable gloire, comme la noble franchise de
votre caractère et la bonté de votre cœur, lui
garantissent tout le bonheur qu'elle a droit
d'attendre du petit-fils de ce Dauphin si re-
gretté, dont le nom seul rappelle au milieu de
la cour les plus beaux exemples de piété conjugale, et que la religion ne se console d'avoir
trop tôt perdu, qu'en retrouvant le plus touchant modèle de ses vertus, dans la personne
de votre auguste père.

» Pour nous, Monseigneur et Madame, pénétrés de joie et de reconnaissance, nous nous
faisons un devoir de publier, à la face du ciel
et de la terre, que cette alliance nouvelle est
un nouveau bienfait du Seigneur, qui met le
comble aux bienfaits sans nombre que nous
avons déjà reçus de sa bonté. Nous n'avons pas
assez de voix pour rendre grâce au *Dieu du
Roi notre maître*, *qui n'a jamais retiré de dessus lui sa miséricorde*, qui, après l'avoir pro-
tégé, après l'avoir ramené dans la terre de son
royaume, a guéri la plaie la plus sensible de
son cœur, celle de n'avoir pu, pendant tant
d'années passées loin d'eux, travailler effica-
cement au bonheur de ses sujets.

» Oui, Seigneur, cette union est vraiment

l'œuvre particulière de votre miséricorde, et un silence d'admiration convient seul à notre reconnaissance. Achevez-le cet ouvrage, ô mon Dieu! en répandant, par la vertu de notre ministère, vos plus abondantes bénédictions sur ces augustes époux. Bénissez le prince qui fait notre espoir : que par votre grâce il aime et recherche sans cesse votre justice, et qu'il en soit toujours revêtu ; que, ne désirant et ne *demandant que la sagesse*, elle lui vienne du haut de votre trône, *et avec elle l'affluence de tous les biens*. Bénissez la jeune princesse qui devient aujourd'hui sa noble compagne ; faites descendre sur elle toutes les grâces nuptiales, dont vous avez autrefois *enrichi ces femmes célèbres*, l'honneur de leur sexe et la gloire de leurs peuples. A la *prudence de Rebecca*, joignez encore *l'amabilité de Rachel*, *la bonté d'Esther, la fidélité de Sara*.

» Soyez bénie, princesse, ô fille de nos Rois! Française par le sang qui coule dans vos veines, par les sentimens qu'il y a transmis, et qui reviennent aujourd'hui vers leur source pour se fortifier et se perfectionner davantage. C'est au nom de toute la France, au nom de ce prince si religieux et si brave ; c'est au nom de cette héroïque princesse auprès de laquelle vous trouverez tant de vertueux exem-

ples , que nous vous adressons les souhaits pro-
phétiques si fidèlement accomplis par la famille
sainte. *Soror nostra es , crescas in mille millia :*
Vous êtes de notre nation , vous nous appar-
tenez dès votre origine , vous êtes notre sœur ,
etc. *Vous êtes notre sœur, croissez en mille et
mille manières ;* multipliez les rejetons d'une
race qui nous est si chère. Soyez féconde en
Rois sages et en héros. Que les princes qui
naîtront de vous , marchant toujours sur les
traces de leurs ancêtres, *triomphent ,* par le
courage et la vertu , *de tous leurs ennemis ,* et
assurent à jamais le bonheur des peuples et la
gloire de la religion. »

Par un usage qui remonte à l'antiquité de
notre histoire , la ville de Paris , dans les événemens mémorables de la monarchie , avait
coutume d'offrir à son souverain ou aux princes
de sa famille un cadeau dont la simplicité se
rapportait aux mœurs de nos ancêtres. Il con-
sistait ordinairement en flambeaux de cire
blanche parfumés , et en confitures sèches ;
c'était le tribut du cœur , et non celui du
faste et de l'ostentation.

Conformément à ces anciens usages , le corps
municipal , ayant à sa tête M. le comte de Cha-
brol , préfet du département de la Seine , a
renouvelé , à l'occasion du mariage de Monsei-

gneur le duc de Berry, cette simple et touchante cérémonie; et le jeudi, il eut l'honneur de complimenter Leurs Altesses Royales, et de leur offrir les présens de la ville de Paris.

M. le préfet adressa aux illustres époux le discours suivant :

« Monseigneur et Madame,

» Le corps municipal de la ville de Paris, en présentant à Vos Altesses Royales ses respectueuses félicitations, vient vous offrir ces mêmes présens que nos pères offraient à vos aïeux. Ce modeste hommage, consacré par l'usage ancien de la monarchie, atteste et la simplicité, et la modération de nos augustes maîtres. Nous en avons conservé le caractère avec un respect religieux, assurés que l'offrande qui part du cœur est la seule qui soit digne de vous, et qui puisse être agréée ; mais nous y joignons, Monseigneur, un sentiment profond de dévoûment et d'amour, et toute l'émotion de l'ivresse et du bonheur dont nous a remplis le spectacle de l'auguste solennité de votre union.

» Rien n'a manqué à ces fêtes, que le ciel lui-même a semblé miraculeusement favoriser ; ni cette magnificence royale que les temps ont

permis à une autorité économe et prévoyante,
ni cet ordre qui annonce la puissance, ni cet
empressement unanime qui, appelant toute la
population sur la ligne du cortége, avait laissé
déserts tous les autres quartiers de la capitale,
ni cette popularité, si chère à des sujets pleins
d'amour, que les Bourbons savent allier à la
dignité du rang et du nom le plus illustre de
l'Univers. Mais ce qui a frappé l'œil des magistrats, c'est ce calme des esprits, cette expan-
sion de sentimens paisibles, qui annoncent la
fin des révolutions. Nous le disons hautement,
pour la consolation de tous les Français, et
afin de donner l'essor à cette confiance qui est
l'âme des jouissances de la vie, le lien de la
circulation et la source de la richesse publique,
le volcan est éteint ; la fermeté, la modération,
le respect pour les institutions, vont tout
achever sans effort.

» Jouissez donc, couple auguste, de la pers-
pective d'un avenir d'autant plus heureux pour
vous qu'il l'est pour nous-mêmes, et que les
Bourbons ne séparèrent jamais leur bonheur
de celui des peuples. La France attend de votre
union de nouvelles garanties, le trône une
nouvelle splendeur. Les grâces et l'affabilité,
doux attributs de la jeunesse et de la bonté
du cœur, vont ajouter à la magnificence de la

cour d'un bon Roi, valeur, grâce, bonté !
Heureux assemblage dont la France a toujours
été le modèle, et qui la rend si fière de ses
Princes, si délicate dans ses plaisirs, si heureuse par la réunion de tout ce qui peut em-
bellir la vie !

» Monseigneur, Madame, puissent Vos Altesses Royales agréer l'expression des sentimens
et des vœux dont je m'estime si heureux d'être
près de vous l'organe, au nom de la ville de
Paris ! »

Monseigneur le duc de Berry répondit au
corps municipal :

« J'ai été bien sensible à l'accueil que les
habitans de la ville de Paris ont fait à ma
femme ; je me le rappelerai toujours avec reconnaissance. Ce qui m'a le plus satisfait dans
l'allégresse publique, a moins été ce qu'elle
avait de flatteur pour moi, que la nouvelle
preuve qu'elle m'a donnée de l'attachement
des Parisiens pour le Roi et la monarchie. »

De l'Élysée-Bourbon, le corps municipal
s'étant rendu au palais des Tuileries, eut l'honneur d'être admis à présenter ses félicitations
à Son Altesse Royale MONSIEUR, qui daigna
recevoir les complimens du corps de ville avec
cette affabilité qui n'appartient qu'à lui seul,

et lui dit avec cet accent de bonté qui a tant
de charme :

« Je revois toujours avec un nouveau plaisir
les magistrats de la ville de Paris ; non, jamais
je n'oublierai la manière dont j'ai été accueilli
par cette foule de vrais Français à ma première
entrée dans la capitale. Soyez persuadés, Messieurs, que moi, ainsi que toute ma famille,
nous n'avons qu'un seul désir, nous ne formons
qu'un seul vœu, celui de rendre la France
heureuse. »

Après avoir formé des nœuds qui assuraient
son bonheur, et qui lui étaient d'autant plus
précieux qu'ils semblaient flatter tous les Français, le duc de Berry ne parut plus vivre
que pour son épouse et pour se livrer au penchant naturel qu'il avait pour la bienfaisance. La
princesse le partageait : chaque instant, chaque
jour étaient marqués par de nouveaux actes
de bonté, de générosité ; chaque genre de malheur trouvait sa consolation auprès des deux
augustes époux. Des aumônes abondantes étaient
versées dans le sein des pauvres, des serviteurs
malheureux soulagés ; tous les établissemens
publics consacrés à l'infortune étaient placés
sous leur protection ; les hospices leur devaient des secours, les sociétés philantropiques
des encouragemens. Aucune bonne œuvre ne

se faisait à Paris ou dans les départemens, sans qu'ils y prissent part.

Les malheurs publics, les disettes, les incendies les trouvaient comme une autre Providence, pour les réparer, les adoucir, les faire oublier. Par-tout ils prodiguaient le fruit de cette sage économie qu'ils avaient établie dans leur maison : cette économie était admirable ! le duc de Berry avait su l'imprimer à tous ceux qui l'entouraient et qui étaient à son service. Une Caisse d'épargnes avait été fondée par lui pour assurer des pensions à ses serviteurs dans leur vieillesse. Cet ordre ne contribuait pas peu à le rendre plus cher à ses officiers, qui voyaient chaque jour tout ce que leur prince savait inventer de moyens pour assurer leur avenir.

Son Altesse Royale doublait chaque mois, de sa cassette, la somme que chacun d'eux versait dans la Caisse d'épargnes. Il dépensait en outre, par an, plus de trois cents mille francs en aumônes et en bonnes œuvres. Il donnait régulièrement par mois six à sept mille francs pour les pauvres de sa paroisse.

Tel était l'emploi de ses jours, ses passe-temps, ses délassemens les plus doux !

Il visitait tous les établissemens publics avec la princesse ; il encourageait les arts, les protégeait , en parlait avec discernement , avec goût et sans prétention. Ses amusemens étaient la chasse , la paume , le spectacle , où l'on voyait toujours à ses côtés sa vertueuse et aimable épouse.

La plus heureuse fécondité promettait à la France d'illustres rejetons de la famille des Bourbons. Deux accouchemens malheureux avaient trompé l'espoir du Roi , du peuple et des époux ; Son Altesse Royale Madame la duchesse de Berry venait enfin de donner le jour à une jeune princesse , les délices de ses parens , et qui plus tard sera l'ornement et la gloire de la France. Une quatrième grossesse faisait espérer que les vœux de tous seraient comblés ; que les plus heureuses destinées allaient briller pour la France et pour une famille éprouvée par des revers et des calamités sans nombre : le passé n'était plus qu'un songe , le présent semblait être le gage d'un avenir serein exempt d'orages et de tempêtes.......... Les Bourbons...... Quel mot j'ai prononcé..... Qui peut y compter sur le bonheur, si envié et si difficile à saisir .... Hélas ! il nous échappe, il nous fuit pour toujours au moment où il s'offrait à nos regards. .... et nous ne trouvons plus à sa place que la mort , la désolation , et tous les maux, les tourmens que ces deux fléaux

de l'humanité traînent à leur suite. Ma plume
s'échappe de ma main. Comment achever la
tâche que je me suis imposée ? Ah ! continuons,
je dois peindre le crime ! la vertu et l'héroïsme
en recevront un nouvel éclat ; ce sont les deux
qualités qui distinguaient éminemment celui
que la tombe a enseveli.

Le dimanche 13 février 1820, Son Altesse
Royale Monseigneur le duc de Berry, après
avoir dîné au palais des Tuileries avec Sa Majesté
et les princes de sa famille, et avoir fait tous
les frais et les charmes de la société, par sa gaîté
et son aimable enjouement, résolut d'aller au
spectacle pour terminer agréablement une journée consacrée au plaisir dans toutes les classes
de la société ; il se rendit à l'Opéra avec son
auguste épouse. On donnait une représentation par extraordinaire (1). Le spectacle était
long. Son Altesse Royale Madame la duchesse
de Berry avait passé, la veille, une partie de la
nuit à un bal brillant, chez M. de Greffulhe,
pair de France (2). Dans l'entr'acte des *Noces*

---

(1) *Le Carnaval de Venise, le Rossignol* et les *Noces de
Gamache.*

(2) M. le comte de Greffulhe est mort, quelques jours après,
d'une inflammation de poitrine, causée, à ce qu'il paraît, par
le saisissement et la douleur que lui ont causé cet événement
funeste.

dè Gamache, Monseigneur le duc de Berry crut s'apercevoir que son auguste épouse était fatiguée ; il lui proposa de se retirer : la princesse accepta, et le prince, lui donnant la main, la conduisit jusqu'à sa voiture. Il était onze heures moins deux minutes.

Madame la duchesse de Berry était accompagnée de madame la comtesse de Bethizy, l une de ses dames, et de M. le comte de Mesnard, son premier écuyer.

M. le comte de Clermont-Lodève, en sa qualité de gentilhomme d'honneur du Prince, le suivait à quelques pas ; et M. le comte César de Choiseul, aide-de-camp de service, le précédait.

L'équipage de Madame la duchesse de Berry venait de se placer devant la porte dite *des Princes*, située rue Rameau. La portière était ouverte : les gardes, sous le vestibule et la sentinelle en dehors, présentaient les armes. La jeune princesse, suivie de madame de Bethizy, monta dans sa voiture ; l'un des gens de Son Altesse Royale allait relever le marchepied ; le prince, qui avait manifesté le désir de voir le dernier acte du ballet, et avait un pied dessus, se trouvait encore sous l'auvent qui domine ce portique. « *Adieu, Caroline,* » dit-il, *nous nous reverrons bientôt.* » Son Altesse Royale se retourna pour rentrer au spectacle : tout-à-coup un homme, un monstre, s'appuyant fortement d'une main sur l'épaule gauche du prince, lui porta avec violence un coup sur le sein droit, et s'enfuit.

L'assassin s'était glissé entre M. le comte de Mesnard, M. le comte de Choiseul et le factionnaire, qui, tous trois, entouraient Son Altesse Royale, auprès de la voiture. Cet horrible attentat fut commis avec une telle dextérité, une si incroyable promptitude, que personne n'eut le temps de s'opposer à la consommation du crime.

Je suis mort! Je suis assassiné! s'écria le prince. M. le comte de Choiseul, M. le comte de Clermont et la sentinelle voient le meurtrier prendre la fuite, volent sur ses traces ; il se dirige vers la rue de Richelieu à gauche. On le poursuit.

Au même instant, madame la duchesse de Berry et madame de Bethizy s'élancent de la voiture, dont la portière n'était pas même encore fermée. Monseigneur le duc de Berry portant la main à sa blessure, y trouva le fer parricide : il le retira avec courage, le sang jaillit sur l'infortunée princesse, qui reçut dans ses bras son époux défaillant (1).

_____

(1) Ce fer, de six à sept pouces de longueur, est une lame plate et droite, à deux tranchans, très-acérés, excessivement pointue, et ayant un manche de bois fort court, semblable à celui d'un outil.

Tandis que l'on s'occupait à procurer au prince tous les secours possibles; que madame la duchesse cherchait à étancher le sang qui coulait avec une effrayante abondance, et que l'on portait son Altesse dans le salon attenant à sa loge, l'assassin gagnait de vitesse tous ceux qui, attirés par les cris, *arrête! arrête!* se précipitaient pour l'atteindre. Un jeune homme, vis-à-vis l'arcade Colbert, aperçut le fuyard, fondit sur lui et le prit au collet. Le factionnaire arriva le premier, un gendarme le second : le courageux inconnu leur livra ce scélérat, que bientôt la foule entoura (1). Conduit au corps-de-garde de l'Opéra, M. le comte de Clermont lui adressa le premier la parole et lui dit : « *Monstre, qui a pu te porter à com-* » *mettre un pareil attentat ? — Ce sont les* » *plus cruels ennemis de la France.* » Le comte, trompé par cette réponse, crut que le repentir allait lui dicter des aveux : « *Qui donc,* » continua-t-il, « *t'a payé pour te rendre coupable*

---

(1) Le jeune homme qui l'arrêta s'appelle Jean Paulmier, né en Normandie, dans la commune de Blanville, département du Calvados, à huit lieues de Caen ; il est garçon au café Hardy, boulevard des Italiens.

Le garde royal se nomme Desbiez ; c'est un chasseur du quatrième régiment.

Le nom du gendarme est David, maréchal-des-logis de la deuxième compagnie, premier escadron.

» *d'un tel forfait ? — Je n'ai été payé par per-*
» *sonne,* » répliqua le criminel avec arrogance.

On le fouilla, on trouva sur lui la gaîne du poignard qu'il avait laissé dans la blessure du prince, et un second stylet d'une forme diffé-rente, espèce de *poinçon* ou *tire-point.*

M. le comte de Clermont, que l'état de Son Altesse alarmait vivement, s'empressa de venir apprendre au prince et à madame la duchesse que l'exécrable meurtrier était sous la main de la justice.

La pâleur de Son Altesse Royale inspirait les plus grandes inquiétudes.

Monseigneur le duc, madame la duchesse, et mademoiselle d'Orléans, qui assistaient au spectacle, ayant été avertis de cet effroyable événement, se rendirent aussitôt auprès du prince, et cherchèrent, avec le plus noble intérêt, tous les moyens de coopérer aux soins touchans que la princesse prodiguait à son époux (1).

Déjà Son Altesse Royale était confiée aux

_____

(1) Monseigneur le duc d'Orléans était avec sa famille à l'Opéra. Pendant un entr'actes Monseigneur le duc de Berry avait visité Leurs Altesses et embrassé un de leurs enfans. Cette circonstance fut remarquée par le public avec plaisir. Le parterre même applaudit à cette preuve touchante de l'amitié qui unissait les deux princes.

soins de deux hommes de l'art , MM. Blancheton
et Drogart. Telle était la situation du prince à
l'arrivée du docteur Blancheton (1).

A onze heures et un quart. — Le prince ,
frappé à la partie droite et supérieure de la
poitrine , était assis dans un fauteuil. La face
décolorée , couvert d'une sueur froide , monseigneur le duc de Berry éprouvait une oppression toujours croissante ; on remarquait dans
le pouls une extrême faiblesse.

Le docteur Blancheton reconnut la nécessité
d'arrêter les progrès d'un épanchement qui
n'était que trop accusé par l'ensemble de ces
symptômes. Il tenta de promptes diversions ;
après avoir fait un léger *débridement* à la plaie,
vers la partie la plus *déclive*, afin de faciliter
la sortie du sang épanché et enlever un caillot
qui s'y opposait, il prescrivit deux saignées
aux bras. Elles furent pratiquées à l'instant
par M. Drogart et MM. Lacroix et Caseneuve ,
arrivés successivement.

Pendant qu'on faisait les dispositions pré-
paratoires, madame la duchesse, s'adressant au

---

(1) M. Drogart n'avait pas encore agi , lorsque parut le
docteur Blancheton , amené par l'un des officiers de la maison
du prince.

docteur Blancheton, en arrière de son auguste époux, le pressait de lui dire si cette blessure était mortelle. « *J'ai du courage,* » dit l'infortunée princesse, « *j'en ai beaucoup ; je saurai* » *tout supporter, je vous demande la vérité.* »

Toutefois, le docteur craignit d'émettre sans réserve son opinion ; il désira connaître aussi celle des premiers chirurgiens de la capitale, qui allaient bientôt se joindre à lui et aux hommes de l'art déjà réunis ; il laissa au contraire percer quelque espoir, et dit à S. A. R. que l'absence du sang qui, dans les plaies graves de la poitrine, sortait ordinairement par la bouche, pouvait être d'un augure favorable.

Les saignées s'effectuèrent ; elles eurent un faible résultat. Le prince dit : « *Je suis perdu ;* » *vos efforts sont inutiles ; le poignard est entré* » *tout entier.* »

Monseigneur le duc de Berry pressentit alors une fin prochaine, et voulut, dans le plus bref délai, joindre les secours de la religion à ceux qu'il pouvait attendre des hommes ; M. le comte de Clermont, ce zélé serviteur, honoré depuis vingt ans de l'affection de S. A. R., vola au château. Au pied de l'escalier du pavillon Marsan, il rencontra le docteur Bougon, chirurgien de Monsieur ; « Notre bon prince, dit-il » avec la plus grande émotion, vient de rece-

» voir un coup de poignard à l'Opéra ! allez
» en toute diligence, je viens chercher ici
» M. l'évêque de Chartres. » Presqu'aussitôt
M. le comte de Mesnard arriva aux Tuileries,
avec la pénible mission d'annoncer à Monsieur,
à Madame et à Monseigneur le duc d'Angoulême l'horrible attentat.

Madame et son illustre époux se rendirent
en grande hâte auprès de Monseigneur le duc
de Berry; Monsieur les suivit; son empressement fut tel qu'il devança à sa voiture son premier gentilhomme. M. le duc de Maillé accourut à l'instant même où le prince partait.
Son attachement éprouvé à la personne de Son
Altesse Royale ne lui permit point de se séparer
d'elle dans une pareille circonstance; il s'é-
lança derrière la voiture, y prit place au milieu des valets de pied !.... Ce trait, cette action, qui ne surprendront aucuns de ceux qui
connaissent M. le duc de Maillé, ne sont pas
moins honorables pour celui qui les a faits que
pour celui qui sut les inspirer.

A minuit. — M. Bougon fut introduit; MM.
Thérin et Baron, quelques momens après. A peine
M. Bougon eut-il pris une exacte connaissance
de la plaie, que, par l'un des plus beaux élans de
dévoûment, disons mieux, d'héroïsme, il ap-

pliqua sa bouche sur la blessure , afin d'attirer par la succion le sang au-dehors. Le prince le repoussa : « *Que faites-vous* ? dit-il , *la blessure* » *est peut-être empoisonnée*! » Noble sollicitude, digne du duc de Berry !

M. Bougon substitua à ce moyen des ventouses , et l'on obtint quelques onces de sang qui parurent seconder l'effet des autres diversions. Monseigneur le duc de Berry profita de cet allégement pour s'entretenir avec M. l'évêque de Chartres.

D'heure en heure l'affluence augmenta à l'Opéra. Cette nuit était consacrée à de brillantes réunions ; ici se trouvaient des ambassadeurs , là des officiers-généraux , de grands fonctionnaires , des personnes attachées à la cour. M. le maréchal duc d'Albuféra donnait un bal magnifique , et ce fut chez lui , surtout , que le récit de l'événement parvint avec célérité. Madame le duchesse de Reggio embellissait cette fête , qui fut bientôt interrompue par son départ précipité , par celui de plusieurs personnes de marque , et , principalement , par la consternation que l'événement jeta dans cette nombreuse assemblée.

En très-peu d'instans le foyer et les corridors de l'Académie royale de Musique se remplirent. On se pressait auprès du lieu où expirait len-

tement le malheureux Prince. La crainte, l'espoir qui s'échappaient tour-à-tour du *salon de
douleur*, se communiquaient, dans toutes les
parties de ce vaste édifice, avec la rapidité de
l'éclair : on eût dit l'étincelle électrique ; tous
les cœurs ressentaient à-la-fois la même com-
motion.

Monseigneur le duc de Bourbon, M. le duc
de Richelieu, M. le vicomte de Châteaubriand,
tous les ministres, une foule d'autres grands
personnages vinrent mêler leurs larmes à celles
de la famille royale et des personnes de sa
maison. M. Blancheton fit observer que le
local était trop peu spacieux ; il proposa de
transporter son S. A. R. dans la salle d'administration de l'Opéra ; un *lit de sangle* fut
dressé à la hâte. (1)

_____

(1) Le destin a parfois des jeux cruellement bizarres. Le
coucher sur lequel Son Altesse Royale a été placée est le
même sur lequel elle reposa à l'époque de son arrivée en
France. M. Grandsire habitait alors Cherbourg, où il rem-
plissait les fonctions de garde-magasin de la marine, et fut le
premier Français que le prince embrassa au moment de son
débarquement. M. le préfet n'ayant point eu le temps de se
procurer tout le mobilier nécessaire pour recevoir Son Altesse
Royale et sa suite, invita M. Grandsire à lui prêter divers
objets qu'il venait de recevoir de la capitale, et entre autres
choses un lit neuf et complet. M. Grandsire, aujourd'hui secrétaire-général de l'Opéra, avait fait transporter ce lit à

M. le comte de Pradel, MM. Grandsire, secrétaire-général, Viotti, frère du directeur de l'Opéra, mirent tout en usage pour procurer au Prince les soulagemens que réclamait sa déplorable situation.

Le duc de Berry était étendu sur le lit : on eut recours à de nouvelles saignées, mais, cette fois, aux pieds ; elles donnèrent également peu de sang ; néanmoins leur résultat ne fut pas entièrement négatif ; elles contribuèrent encore à diminuer l'étouffement du Prince.

A une heure du matin. — M. Dupuytren fut annoncé. Il sonda la blessure et la trouva extrêmement dangereuse.

Après une conférence qui eut lieu dans une pièce voisine, entre tous les hommes de l'art appelés en cette funeste circonstance, il fut décidé que l'on ferait de nouvelles diversions par des frictions ammoniacées et des sinapismes. Les médecins rentrèrent dans le salon.

M. Dupuytren ne cacha point à MONSIEUR qu'il n'existait plus qu'un moyen dont il ne pouvait garantir le succès ; il proposa de *dé-*

Paris, avec ses autres meubles ; le sort a voulu que M. Grand-sire, qui loge à l'Opéra, prêtât les mêmes matelats pour le prince, et que le prince y rendît le dernier soupir !...

brider encore la plaie ; c'est-à-dire, de l'élargir pour donner au sang une plus prompte issue. Monsieur répondit dans l'excès de sa douleur : « Je me fie à votre zèle et à vos talens. — *Et à* » *nos cœurs*, ajouta M. Dupuytren. » — Le Prince continua « : C'est un fils qui m'est bien » cher, je l'abandonne à vos soins. »

Ce second débridement, beaucoup plus profond que le premier, fut opéré par le docteur Blancheton. M. Dupuytren introduisit dans la blessure une mèche propre à favoriser la sortie du sang épanché.

MM. Dubois et Roux entrèrent en ce moment : ils assistèrent à cette douloureuse opération.

Le malheureux Prince, trop bien convaincu lui-même de son incurable état, répéta plusieurs fois à M. Dupuytren, en éprouvant, avec un calme héroïque, les plus grandes souffrances : « *Je suis bien touché de vos efforts ;* » *mais ils sont superflus : ma blessure est mor-* » *telle.* »

L'appareil fut bientôt inondé : le pouls et les forces de Son Altesse Royale semblèrent se relever un peu. La respiration était moins gênée, Monseigneur le duc de Berry parla avec plus de facilité ; mais ces douces espérances

9

s'évanouirent bientôt, le mal était au-dessus de toutes les ressources humaines.

Déjà le prince avait demandé qu'on suppliât Sa Majesté de se rendre auprès de lui. « Le Roi n'arrive pas, disait-il sans cesse ; *je n'aurai pas le temps de solliciter la grâce de l'homme qui m'a frappé !*... »

Le désespoir de Madame la Duchesse s'augmentait à mesure qu'elle voyait s'affaiblir la voix de son époux ; le prince la regardant avec attendrissement, la conjura de se ménager pour *l'enfant qu'elle portait dans son sein.*

Cette circonstance n'était encore que soupçonnée : elle fit une impression bien vive sur tous ceux qui se trouvaient dans ce lieu de désolation.

Quel tableau déchirant! Comment le peindre! Un prince, l'espoir de la patrie, une race auguste, une postérité de Rois s'éteignant peut-être dans un seul être ! Un Bourbon frappé par un assassin sous les yeux de son auguste épouse, et descendant tout-à-coup dans la tombe! Une princesse pâle, les joues sillonées par les larmes, les cheveux épars, son enfant dans les bras, ses vêtemens teints du sang d'un père et d'un époux!... Le premier héritier du trône, dont l'âme paternelle est brisée, les yeux fixés sur un lit de douleur, où la mort va le frapper !... Un frère, prince aussi brave que magnanime, invoquant à genoux l'Eternel au pied de ce lit funèbre !... Son Altesse Royale Madame la duchesse d'Angoulême, toujours plus grande que les revers qui l'accablent, déployant dans ce moment terrible et son héroïsme et son énergie ! Des hommes recommandables par leurs rangs, leurs vertus, leurs dignités, leurs talens; de simples citoyens, tous les rangs confondus par une même douleur; un morne silence interrompu par ces paroles, dignes d'un fils du grand Henri, d'un héros : « *Qu'il est cruel pour moi de* » *mourir de la main d'un Français !* » Puis se retournant vers S. Exc. le marquis de Latour-Maubourg, le duc de Reggio, et quelques autres grands capitaines, la noble et auguste victime du plus horrible attentat leur dit : « *Pourquoi n'ai-je pas trouvé la mort dans les* » *combats au milieu de vous !... *»

A deux heures. — Une nouvelle consultation fut jugée nécessaire : MM. Dubois, Dupuytren, Roux, Bougon, Blancheton, Baron et Thérin, se réunirent. MM. Lacroix, Drogard et Caseneuve restèrent auprès de Son Altesse Royale. Un premier bulletin avait été envoyé au Roi vers minuit : un second fut rédigé pour Sa Majesté.

9*

Les médecins reconnurent que l'état de Son Altesse Royale n'était plus susceptible d'amélioration ; cependant ils déclarèrent qu'un troisième bulletin succéderait à celui-ci, dès que la situation du prince l'exigerait.

A trois heures. — Le prince ne cessait de demander à voir le Roi, pour obtenir de sa bonté la grâce de celui qui l'avait frappé. Monseigneur le duc de Berry, présumant qu'il serait privé de cette consolation, tourna de nouveau toutes ses pensées vers la religion. *L'Evêque*, dit Son Altesse Royale, *l'Evêque* : M. de Latil s'approcha. Le prince, après avoir écouté ce respectable prélat, confessa à haute voix, en présence de sa famille et de tous les assistans, les fautes dont il se croyait coupable : il fit cette confession avec une résignation exemplaire ; il pardonna à son meurtrier ; il demanda pardon à Dieu de ses offenses, et aux hommes de celles de ses actions qui auraient pu les scandaliser. « *Pensez-vous, ô mon frère*, en s'adres-
» sant à Monseigneur le duc d'Angoulême,
» *que le ciel me pardonnera mes erreurs !* —
» *Comment le Tout-Puissant vous privera-t il*
» *de sa miséricorde*, répondit S. A. R. en levant
» les mains vers le ciel, *puisqu'il fait de vous*
» *un martyr ?*

M. le curé de Saint-Roch, que M. le comte de Clermont avait été chercher, administra à Monseigneur le duc de Berry les secours de la religion. « *Ah !* s'écria Madame la duchesse, » *je savais bien que cette belle âme était née* » *pour le ciel et qu'elle y retournerait !* »

Un tableau non moins touchant succéda à ce dernier, celui où le véritable descendant de Saint-Louis voulut bénir sa fille. Madame la Duchesse la lui présenta ; tout le monde essuya ses larmes et chercha à étouffer ses sanglots pour ne rien perdre de cette scène sublime et déchirante. Le prince leva avec beaucoup de peine ses mains défaillantes sur la tête de Mademoiselle : « *Pauvre enfant !* dit-il, *je souhaite que* » *tu sois moins malheureuse que ceux de ma* » *famille !....* »

Monseigneur le duc de Berry, qui recevait tant de témoignages de tendresse et d'amour de l'infortunée Princesse, avait encore une autre preuve, la plus forte peut-être, à obtenir de son cœur ; il lui demanda la permission de voir deux jeunes enfans, nés en Angleterre, auxquels on sait que le prince prenait un bien vif intérêt.. « *Où sont-ils ?* s'écria cette sensible » et bonne princesse, *je serai leur mère !* » On introduisit, quelques momens après, ces deux innocentes et timides créatures ; ce fut la Princesse elle-même qui les prit par la main, dès qu'elles parurent ; c'est elle qui les fit approcher du lit de leur illustre protecteur ; c'est elle-même qui exigea qu'elles embrassassent MADEMOISELLE ! puis, aussi haut que les larmes qui la suffoquaient purent lui permettre : *Charles !* *Charles !* répéta-t-elle, *j'ai trois enfans à présent !*

Les deux petites filles se mirent à genoux ; des pleurs inondèrent leur visage : « *Soyez* » *toujours fidèles à la vertu,* leur dit le Prince. » Il leur adressa ensuite quelques mots en anglais, mais il éprouva de si vives souffrances qu'on éloigna les deux enfans.

Tandis que les larmes coulaient de tous les yeux, que tous les cœurs déploraient la perte que la France et l'humanité allaient faire, l'assassin, conduit dans l'un des bureaux de l'administration de l'Opéra, subissait un interrogatoire non loin de son auguste victime. Cet interrogatoire eut lieu dans les formes légales ; l'assassin fut questionné par LL. Exc. le comte Decazes, le comte Anglès, et par M. Jacquinot-Pampelune, en présence de S. Exc. le baron Pasquier et de M. Bellart.

Demande. Qui vous a porté au crime que vous venez de commettre ?

Réponse. Mes opinions, mes sentimens.

D. Quels sont ces opinions, ces sentimens ?

R. Mes opinions sont que les Bourbons sont des tyrans, et *les plus cruels ennemis de la France.*

D. Pourquoi, dans cette supposition, vous êtes-vous attaqué de préférence à Monseigneur le duc de Berry ?

R. Parce que c'est le plus jeune de la famille royale, et celui qui semble destiné à perpétuer cette race ennemie de la France.

D. Avez-vous quelque repentir de votre action ?

R. Aucun.

D. Avez-vous quelque instigateur, quelque complice ?

R. Aucun (1).

A quatre heures. — Toute l'attention des médecins se porta vers les moyens de calmer de vives douleurs nerveuses, qui se manifes-

---

(1) Après cet interrogatoire, auquel assista aussi M. le baron Lainé, lieutenant-colonel de la gendarmerie, l'assassin fut confié à cet officier supérieur et conduit dans la voiture même de M. le préfet de police, sur l'ordre de Son Excellence, à l'hôtel de M. le comte Decazes ; vers trois heures trois-quarts du matin, le lieutenant-colonel Lainé remit Louvel entre les mains des officiers de paix de service, et se retira avec ses gendarmes. Louvel resta jusqu'à huit heures du soir au ministère de l'intérieur, et on le transféra de là à la Conciergerie.

taient tout-à-coup chez le prince à l'épigastre et au cerveau. L'on ordonna les anti-spasmodiques. Mais en même temps ces sinistres symptômes provoquèrent une troisième conférence et la rédaction du dernier bulletin. Ce bulletin, commençant par ces mots : « Le prince touche à ses derniers momens, » fut remis à Son Excellence le comte Decazes, qui avait porté les deux précédens à Sa Majesté. Son Excellence partit sur-le-champ.

Une soif continuelle, et que l'on appaisait un peu avec de l'orangeade, s'accrut en même temps que les angoisses : « *Je souffre horrible-* » *ment !* répétait Monseigneur le duc de Berry; » *ah ! que la mort arrive lentement !* » Ces réflexions étaient déchirantes pour tout le monde, mais elles venaient encore accabler la Princesse, Son Altesse Royale *Monsieur*, et l'auguste famille. Au bout d'un assez long silence : « *Chère* » *Caroline,* » dit-il, en cherchant la main de madame la Duchesse, assise et gémissant près de lui : « *le* 13 *est une date bien fatale pour* » *nous.* (1) »

---

(1) C'est le 13 juillet 1817 que Madame la duchesse de Berry est accouchée d'une fille qui n'a point vécu. C'est le 13 septembre 1818 qu'elle a fait une fausse-couche d'un garçon qui a existé deux heures. C'est le 13 février 1820 qu'un assassin lui ravit un époux !

Le prince, auquel on déguisait vainement sa situation, demanda M. le comte de Nantouillet, qui, depuis trente ans, était le premier officier de sa maison. En le voyant, cet excellent prince s'exprima en ces termes : « *Venez, mon vieil* » *ami, je veux vous embrasser avant de mourir.* »

M. de Nantouillet ne put répondre qu'en se jetant aux pieds du prince et en les arrosant de ses larmes.

Son Altesse Royale, après avoir fait aussi les plus touchans adieux à ses aides-de-camp, laissa connaître ses généreuses et dernières intentions envers les personnes qui étaient attachées à son service. Il les recommanda toutes à son illustre père.

A cinq heures. — On annonça le Roi. A la vue du monarque, monseigneur le duc de Berry sembla retrouver un peu de force. Tel est l'usage qu'en fit ce prince magnanime et généreux : « *Grâce, Sire,* » dit Son Altesse Royale d'une voix déjà presque éteinte, « *grâce pour l'homme* » *qui m'a frappé !* » Ce sont ses propres expressions. Ce bon prince ne donna pas d'autre nom à son assassin. « *Je vous en conjure, Sire, grâce* » *au moins de la vie pour l'homme..... Sans* » *doute c'est quelqu'un que j'aurai offensé sans* » *le vouloir.* »

Sa Majesté répondit avec la plus profonde affliction : « *Mon fils, vous vous rétablirez, nous* » *en reparlerons, ne songeons qu'à vous.* »

Les douleurs augmentèrent ; le prince parla plus rarement ; on partageait ses souffrances sans pouvoir les adoucir. « *J'ai interrompu votre* » *sommeil, mon oncle,* » dit-il au Roi.

Le nom de *Caroline* était celui qu'il prononçait sans cesse. *Mon cher Charles !* répondait la Princesse, avec l'accent le plus tendre, et ses pleurs coulaient avec plus d'abondance ; et le Prince, d'une voix déjà éteinte, mais avec l'expression de la plus vive tendresse, ajoutait à son désespoir en lui disant : « *Pour mourir* » *heureux, il faut que je meure dans tes bras,* » *chère Caroline !* »

A six heures. — Les médecins qui voyaient à chaque minute s'approcher le moment fatal, pressèrent avec les plus vives instances Sa Majesté de s'éloigner. « *Je ne crains pas le spectacle* » *de la mort,* » répondit le Roi, « *; j'ai un* » *dernier soin à donner à mon fils.* »

Les sanglots, les marques du plus affreux désespoir redoublaient dans cette triste enceinte, et l'état de madame la Duchesse ne pourrait ni se peindre, ni se décrire.

Sous le prétexte de laisser un peu de repos

au Prince, on l'invita à passer avec *Madame* dans une pièce voisine; l'infortunée Princesse s'y refusa.

On s'aperçut que le Prince allait rendre le dernier soupir. A un signe du Roi, madame la Duchesse qui résistait à toutes les prières, fut entraînée par les dames de sa maison: bientôt, malgré leurs généreux efforts, elle revint vers son époux.

Le Roi, avec la plus vive émotion, la remit entre les mains de Son Altesse Royale Madame. Son courage se ranima dans les bras de cette Princesse; son cœur fut déchiré, mais ses larmes s'arrêtèrent. L'héroïsme a donc aussi une sympathie!

La Princesse jeta encore un regard vers l'auguste victime, puis obéit à l'ordre de Sa Majesté avec cette noble et courageuse résignation qui appartient seule à la fille des Rois, des Bourbons.

C'est alors que Madame la duchesse d'Angoulême passant avec Son Altesse Royale au pied du lit de souffrance, s'arrêta, et d'une voix assurée adressa au duc de Berry ces paroles, qui produisirent sur l'auditoire un mouvement d'admiration et d'un respect religieux : *Courage, mon frère ! mais si l'Eternel vous ap-*

pelle à lui ; dites à mon père qu'il prie pour la France et pour nous.

L'étouffement faisait des progrès sensibles; les intermittences du pouls se prolongeaient, le Prince laissa comprendre qu'il voulait parler encore. Le docteur Blancheton le souleva un peu. Son Altesse Royale chercha à joindre ses mains; elle voulut les élever vers le ciel, et prononça ces mots qui furent les derniers : *O France!.., malheureuse patrie !....* Monseigneur le duc de Berry tomba alors dans un état complet d'agonie.

L'absence de presque tous les signes extérieurs de la vie détermina M. Dupuytren à s'assurer si le Prince respirait encore. Il plaça devant la bouche de Son Altesse Royale la tabatière du Roi. Cette épreuve ne parut pas suffisante ; un miroir fut apporté. Au moment où le docteur Blancheton allait en faire usage, la voix et l'aspect de la Princesse l'arrêtèrent ; aussitôt il déroba ce miroir à ses regards.

Madame la duchesse de Berry qu'on voulait en vain retenir, fut attirée par une inspiration soudaine, par cette sympathie des âmes unies par le ciel; elle repoussa tout ce qui l'entourait : « *Laissez-moi! laissez-moi!* » s'écria-t-elle, « *je veux le voir, il est à moi! laissez-moi, je l'ordonne!.....* » En un instant, elle eut franchi l'espace; elle se fit un passage et se précipita à genoux auprès du lit du Prince, saisit une de ses mains. *Grand Dieu! cette main, cette main est froide!!! Ah! Charles n'est plus!* dit-elle, poussant un cri terrible. Dans le délire du désespoir, elle baisa mille fois, elle arrosa de ses larmes cette main inanimée. On cherchait à arracher Madame la Duchesse à cette affreuse position; le Roi lui-même la pressait de s'éloigner, quand tout-à-coup elle se releva debout, les bras roides et tendus vers le ciel, les mains tremblantes, les yeux égarés; la Princesse, oubliant dans son trouble extrême que les destinées de la France reposaient peut-être dans son sein, que peut-être un Bourbon lui devrait le jour et nous rendrait son père: *Sire,* » s'écria-t-elle, « *Hé* » *bien, oui, je suis Votre Majesté; mais je* » *lui demande en grâce la permission de me* » *retirer à l'instant avec ma fille auprès de* » *mon père.* » Puis elle tomba aux pieds du Roi. Tant de douleurs, tant de secousses, tant de larmes avaient enfin épuisé ses forces; MM. Bougon et Baron conduisirent ou plutôt portèrent l'auguste veuve jusqu'à sa voiture.

Le Roi prenant alors le bras de M. Dupuytren, s'approcha du lit, ferma les paupières de Son Altesse Royale et lui adressa un dernier adieu. Ce fut le signal de nouveaux sanglots et d'une désolation qui bientôt franchit l'enceinte et se communiqua jusqu'à l'extérieur; une foule immense avait passé la nuit entière sous les fenêtres d'un édifice où le plus noir, le plus effroyable attentat avait réuni le désespoir et la mort.

Charles - Ferdinand, duc de Berry, né le 24 janvier 1778, expira le 14 février 1820, à six heures 35 minutes du matin. On peut écrire sur sa tombe : « Il est mort en héros, en Français, en *Bourbon*, il a pardonné. »

L'auguste veuve partit pour son palais, accompagnée de MADAME, de madame la duchesse et de mademoiselle d'Orléans, de madame la duchesse de Reggio, de mesdames les comtesses de Bethizy, de Gontaut, gouvernante de MADEMOISELLE, et de M. le comte de Mesnard.

Le Roi et les Princes retournèrent successivement aux Tuileries.

Le corps de feu monseigneur le duc de Berry fut transporté à sept heures du matin au Louvre, dans la même voiture qui, la veille, avait amené Son Altesse Royale à l'Opéra.

M. le comte de Nantouillet, M. le comte de Clermont - Lodève, fondant en larmes, et M. Lacroix, accompagnèrent sa dépouille mortelle.

Des gardes du Roi escortèrent la voiture funèbre. On déposa provisoirement les restes inanimés du Prince dans les appartemens de M. le marquis d'Autichamp, gouverneur de ce palais.

C'est au Louvre, aussi, que *Henri IV* fut conduit après qu'on l'eut assassiné, rue de la Ferronnerie.

Il est difficile de se faire une idée des preuves de dévoûment données à la personne du Prince pendant cette épouvantable nuit. Les efforts des hommes de l'art furent incroyables ; le zèle des dames, des officiers et des gens de la maison du prince, sans égal. Toutes les personnes attachées à l'Opéra, rivalisèrent de prévenances et d'activité. Ah! si les connaissances médicales, si l'attachement, si les soins, si les larmes, si le désespoir, suffisaient pour arracher un bon prince au trépas, Berry vivrait encore !

Arrivée à l'Elysée-Bourbon, la malheureuse Princesse voulut se rendre dans l'appartement du Prince. Elle aperçut dans une glace le désordre de sa belle chevelure : « *Voilà*, s'écria-» t-elle, *les cheveux que ce pauvre Charles* » *aimait tant!* » Aussitôt elle prit dans un nécessaire une paire de ciseaux et les coupa elle-même. L'instant où elle saisit ces ciseaux inspira beaucoup d'effroi aux personnes qui l'entouraient ; on suivait ses moindres mouvemens. Madame la Duchesse remit ses longs cheveux à madame la comtesse de Gontaut, en ajoutant : « *Prenez-les, un jour vous les donnerez à ma* » *fille, en lui disant que sa mère les coupa le* » *jour où son père a péri.* »

Un moment après, la Princesse aperçut les cheveux qui ornaient encore son front ; elle les coupa aussi : « *Donnez ceux-là*, ajouta-t-elle, » *aux dames de ma maison ; qu'en les voyant* » *elles se rappellent mon malheur* ! »

Bientôt Son Altesse Royale sentit qu'elle ne pouvait rester dans un lieu qui lui retraçait tant de souvenirs devenus si douloureux. « *Non,* » *dit l'infortunée Duchesse, je n'habiterai pas* » *plus long-temps un séjour où je fus si heureuse* ! » *Je veux aller à Saint-Cloud.* »

On représenta à madame la Duchesse que les préparatifs nécessaires pour la recevoir devaient se prolonger jusqu'à l'après-midi : alors elle se décida à passer dans son appartement. Ses yeux se portaient sur de petits tableaux que le Prince aimait beaucoup ; elle les ôtait, les replaçait, allait et venait sans motifs, regardait sans voir ; ses ordres, ses paroles étaient sans suite ; des soupirs continuels et pas une seule larme : elle restait long-temps immobile devant le berceau de Mademoiselle, le seul être qui ne souffrît point dans ce palais ! Cette espèce d'égarement alarmait tous ceux qui se trouvaient auprès de la princesse : on craignait une aliénation mentale ; une grande abondance de pleurs soulagèrent enfin cette âme généreuse et sensible, que tant d'infortunes venaient de déchirer et d'accabler dans cette affreuse nuit.

LL. AA. Madame la duchesse et Mademoiselle d'Orléans ne quittèrent point un moment l'auguste veuve ; leurs soins assidus furent au-dessus de tous les éloges.

Madame la duchesse reçut dans la matinée les visites de condoléance de *Madame* et de tous les princes de la famille royale.

A sept heures du soir, *Madame* arriva et emmena la princesse, qui partit pour Saint-Cloud, accompagnée de M. le duc de Levis, de M. le comte de Mesnard, de mesdames la duchesse de Reggio, les comtesses de Gontaut et de Lauriston. Madame de Bethizy, gravement indisposée, ne suivit point Son Altesse Royale.

L'intérieur du palais du Prince ajoutait encore à tout ce que ce tableau avait de déchirant et de cruel : des larmes, une consternation générale faisaient assez connaître combien ce bon Prince était adoré de tout ce qui l'entourait. Eh ! comment ne l'aurait-il pas été !

Tous les cœurs semblaient être frappés du

coup qui leur enlevait leur père, leur ami, leur protecteur; l'un disait : *Je lui dois la vie, il m'envoyait un médecin lorsque j'étais malade, et pourvoyait à tous mes besoins, afin que je ne touchasse pas à mes épargnes ; il consolait ma femme et lui rendait l'espérance prête à l'abandonner.*

Un autre ajoutait : *Qu'il eût été bon père ! il ne rencontrait pas nos enfans sans les caresser, sans leur dire quelque chose d'agréable, de tendre, d'amical, et il nous est ravi pour jamais ! Quel malheur pour nous, pour la France, et plus encore pour son auguste épouse ! Quelle apothéose sublime dans sa simplicité !*

Le corps du Prince fut exposé dans une chapelle ardente, qui avait été établie au Louvre, dans les salles donnant sur la rivière, en face du pont des Arts, et l'acte de décès fut rédigé ainsi qu'il suit :

Extrait des registres de l'état civil de la Maison Royale.

Du lundi quatorzième jour de février, l'an mil huit cent vingt, à midi et demi.

Acte de décès de très-haut et très-puissant prince Charles-Ferdinand d'Artois, duc de Berry, fils de France, colonel-général des chasseurs et chevau-légers-lanciers, né à Versailles, le 24 janvier 1778, de très-haut et

très-puissant prince Charles-Philippe de France,
comte d'Artois, Monsieur, frère du Roi, et de
très-haute et très-puissante princesse Marie-
Thérèse de Savoye, princesse de Sardaigne, son
épouse, marié le 17 juin 1816 à très-haute et très-
puissante princesse Caroline-Ferdinande-Louise,
princesse des Deux-Siciles; décédé ce jourd'hui
à six heures et demie du matin, victime d'un
attentat commis sur sa personne hier à onze
heures moins dix minutes du soir, au moment
où il sortait, avec la princesse son épouse,
d'un spectacle donné à l'Académie Royale de
Musique.

Le présent acte dressé par nous Charles-
Henri Dambray, chevalier, chancelier de
France, président de la Chambre des pairs,
chancelier et commandeur des Ordres du Roi,
remplissant, aux termes de l'Ordonnance de Sa
Majesté, du 28 mars 1816, les fonctions d'officier
de l'état civil de la Maison Royale, accompagné
de Charles-Louis Huguet, marquis de Semonville, pair de France, grand-référendaire de la
Chambre des pairs, et de Louis-François Cauchy, garde des archives de ladite Chambre,
et, à ce titre, dépositaire des registres dudit
état civil.

En présence 1°. d'Elie, comte Decazes, pair
de France, ministre de l'intérieur, président

du conseil des ministres, et en cette dernière qualité tenant, à défaut du ministre de la Maison du Roi, les registres de l'état civil de la Maison Royale, accompagné de Jules-Jean-Baptiste-François de Chardebœuf, comte de Pradel, directeur-général du ministère de la Maison du Roi; 2°. de Henri-Evrard de Dreux, marquis de Brézé, pair de France, grand-maître des cérémonies de France.

Sur la déclaration à nous faite par Marie-Victor-Nicolas Defay, marquis de Latour-Maubourg, pair de France, ministre de la guerre, âgé de cinquante et un ans, demeurant à l'hôtel du ministère de la guerre, et par Edouard, duc de Fitz-James, pair de France, premier gentilhomme de la Chambre de Monsieur, âgé de quarante-quatre ans, demeurant rue de Bourgogne, n°. 34, lesquels instruits de l'affreux événement dont le prince a été victime, se sont rendus de suite auprès de sa personne, et y sont restés jusqu'au moment de son décès.

Fait à Paris, au château du Louvre, où nous nous sommes transportés en vertu d'ordres du Roi, et où le corps du Prince, placé dans un des salons dudit château, nous a été représenté par Alexandre-Marie-Louis-Charles L'Allemant, comte de Nantouillet, lieutenant-général des armées du Roi, premier écuyer de Monseigneur le duc de Berry , faisant les fonctions de premier gentilhomme de sa chambre.

Et ont , toutes les personnes ci-dessus dénommées , signé avec nous , après lecture faite.

Signé, le comte *Decazes*, le comte *de Pradel*, le marquis *de Dreux-Brezé*, le marquis *Victor de Latour-Maubourg*, le duc *de Fitz-James*, le comte *de Nantouillet; Dambray*, le marquis *de Semonville , Cauchy.*

Pour copie conforme ,

Le garde des archives de la Chambre des pairs , Cauchy.

L'ouverture du corps fut faite sur la réquisition de M. le procureur du Roi, de M. le juge d'instruction près la Cour royale , par MM. les docteurs Dupuytren, Bougon et Baron, en présence de MM. le comte de Nantouillet, le marquis d'Autichamp , etc. ; de MM. Portal, premier médecin du Roi ; Hallé, premier médecin de *Monsieur*; de tous les médecins et chirurgiens attachés à la maison du Roi et des Princes, et de tous ceux qui avaient donné des soins à Son Altesse Royale.

Les parois de la poitrine , le poumon droit, le péricarde , l'oreillette droite du cœur , et le centre nerveux du diaphragme, étaient traversés : plusieurs livres de sang étaient épanchées dans la poitrine. Les hommes de l'art constatèrent que le poignard avalt été plongé tout entier dans le corps du Prince, et ils parurent surpris qu'il eût survécu six heures à une aussi affreuse blessure.

Les membres de la Chambre des députés, sensibles à la perte que la France venait de faire dans la personne du duc de Berry, et voulant donner à Sa Majesté un témoignage de leur attachement et de la part qu'ils prenaient à sa douleur, chargèrent M. le Président d'écrire à S. Exc. le Ministre de l'intérieur et à M. le Grand-Maître des cérémonies, pour faire connaître à Sa Majesté le désir qu'ils avaient de rendre de pieux devoirs à la dépouille mortelle du Prince.

M. le Ministre de l'intérieur répondit :

Paris, le 17 février 1820.

« Monsieur le président,

» Le Roi, à qui j'ai soumis le vœu de la Chambre des députés, que vous me faites connaître par votre lettre de ce jour, l'accueille avec sensibilité; Sa Majesté me charge de vous faire savoir que les membres de la Chambre qui ne feront pas partie de la grande députation et qui voudront se joindre à elle, le pourront. M. le grand-maître des cérémonies , à qui vous voudrez bien vous adresser, vous fera connaître l'heure qu'il conviendra de fixer , et vous transmettra les instructions qui pourront vous être nécessaires.

» Agréez, monsieur le président , l'assurance de ma haute considération. »

Réponse de M. le Marquis de Dreux-Brézé ,
grand-maître des cérémonies.

« Le grand-maître des cérémonies de France, en réponse à la lettre de M. le président de la Chambre des députés, a l'honneur de l'informer que la Chambre ayant exprimé le vœu qu'une grande députation allât rendre de pieux devoirs à la dépouille mortelle de Monseigneur le duc de Berry, toutes les dispositions ont été prises pour qu'elle soit admise à la chapelle ardente , demain samedi, à deux heures et demie, ainsi que MM. les députés des départemens qui voudraient s'y adjoindre.

» M. le président est prié d'arriver au Louvre par le Carrousel, et d'y entrer par la grille étant en face du château des Tuileries ; la salle de descente sera la pièce dite de Henri IV , où les officiers des cérémonies se trouveront pour conduire la députation.

» Le marquis de Dreux-Brézé prie M. le président de la Chambre des députés d'agréer l'assurance de la très-haute considération avec laquelle il a l'honneur d'être son très-humble et très-obéïssant serviteur.

» *P. S.* Le deuil se portera avec le crêpe au bras au chapeau et à l'épée. »

La grande députation, tirée au sort, fut composée de MM. Cassaignoles, Dequeux-Saint-Hilaire, de Montaigne, Macarthy (de la Drôme), Caumartin, de Salis, Séras, Fradin, Chabaud-Latour, Portal, Perceval, Bignon, le baron de Brigode, Barbary-de-Langlade, Clément, de Camboust-de-Coislin, Jard-Panvilliers, de Charlemagne, Jobez, Fournas, Dubruel, Popule, Courvoisier.

Le 14, le public fut admis à voir le Prince à visage découvert, dans l'après-midi de ce jour et dans la matinée du lendemain jusqu'à deux heures.

Son corps était déposé sur un lit de parade, la salle était entièrement tendue en noir.

Le mardi 15, des messes furent dites depuis huit heures du matin jusqu'à midi, à l'autel qu'on avait établi dans la salle.

Cette journée du 15 fut marquée par une scène qui laissera des souvenirs d'horreur dans la mémoire du petit nombre de ceux qui en ont été témoins.

A deux heures, l'assassin fut amené au Louvre et conduit près du corps de Mgr le duc de Berri. Ni l'aspect imprévu de la royale victime, ni la vue de la funeste blessure qui fut subitement découverte à ses yeux, ne parurent émouvoir le monstre, qui garda constamment sa cruelle impassibilité. Il subit un interrogatoire par M. le procureur du Roi, qui dressa procès-verbal de ses réponses.

Aussitôt après l'interrogatoire, Louvel fut reconduit à la Conciergerie.

Les médecins et chirurgiens qui étaient réunis au Louvre, remirent à M. le procureur du Roi le procès-verbal qu'ils avaient rédigé la veille; et lui présent, ainsi que le juge d'instruction et le greffier, il fut procédé à l'ouverture du corps.

M. le juge d'instruction ayant donné déclaration par écrit au grand-maître des cérémonies que rien ne s'opposait plus à ce que l'on s'occupât de l'inhumation, le corps fut embaumé.

Le cœur fut séparé et mis dans une boîte de plomb recouverte d'une autre boîte en vermeil.

On grava l'inscription suivante tant sur le cercueil que sur la boîte renfermant le cœur:

« Ici est le corps (ou ici est le cœur) de très-
» haut et très-puissant prince Charles-Ferdi-
» nand d'Artois, duc de Berry, fils de France,
» mort à Paris, le 14 février 1820, âgé de 42
» ans et 20 jours, victime d'un attentat commis
» la veille sur sa personne. »

Dans la matinée de cette même journée, tous
les officiers de la garde nationale de Paris,
ayant à leur tête M. le maréchal duc de Reggio,
en revenant de déposer aux pieds du Roi l'expression de leur profonde douleur, se portèrent de
suite au Louvre, pour en renouveler le témoignage auprès du corps du Prince qu'ils pleu-
raient; mais les préparatifs non achevés empê-
chèrent qu'ils y pussent entrer.

Le jeudi, 17 février, à peine tout était dis-
posé dans la chapelle ardente, qu'on vit paraître
au Louvre MM. les maréchaux de France. La
maison militaire du Roi et celle de MONSIEUR,
qui remplissaient déjà les appartemens de deuil,
s'empressèrent d'ouvrir leurs rangs à ces illustres guerriers, qui, passant au milieu d'elles,
furent s'acquitter du pieux hommage, qu'elles
furent ensuite rendre elles-mêmes, ainsi que le
firent, quelques instans après, l'état-major de
la garde royale, et MM. les officiers de cette
garde, ayant à leur tête M. le maréchal duc de
Bellune.

Dans la même journée vinrent aussi les maisons civiles des Princes et Princesses de la famille royale et du sang.

Le public, qui se portait en foule aux portes du Louvre, fut admis depuis huit heures du matin jusqu'à cinq heures du soir, dans tous les momens non réservés aux députations. Il en fut de même les jours suivans, et la journée du dimanche lui fut presque entièrement consacrée.

Dans la matinée du vendredi 18, vinrent MM. les officiers de l'état-major de la 1re division militaire et de la place, suivis de tous les officiers de la garnison. M. le comte Defrance était à leur tête.

Le même jour, à une heure après-midi, le clergé de Paris, ayant à sa tête S. E. Mgr. le cardinal de Périgord et M. le coadjuteur de l'Archevêché, se rendit au Louvre.

A deux heures y arriva, parti du château des Tuileries, Mgr le duc d'Orléans, nommé par le Roi pour aller de sa part jeter de l'eau bénite au corps de Mgr le duc de Berri. Il était accompagné de M. le duc d'Uzès, désigné à cet effet par S. M.

Mgr le duc d'Orléans, de retour aux Tuileries, revint en son nom jeter de l'eau bénite.

Après lui, Mgr. le duc de Bourbon remplit le même devoir.

Le samedi 19, vinrent successivement, depuis deux heures jusqu'à quatre, la grande députation de la Chambre des pairs de France, à laquelle s'étaient joints MM. les Pairs qui n'en faisaient pas partie;

MM. les Ministres du Roi;

La grande députation de la Chambre des députés des départemens, à laquelle s'étaient également adjoints MM. les députés qui n'en faisaient pas partie;

La Cour de Cassation, la Cour des Comptes, la Cour royale de Paris et le Corps municipal de la ville; puis le Tribunal civil, le Tribunal de Commerce et l'Académie française.

Dans la même journée vint la Maison civile du Roi.

Y était venue aussi l'association de MM. les Chevaliers de l'Ordre de Saint-Louis. A la douleur qui lui est commune avec tous les Français, se joignit celle d'avoir à pleurer, dans la personne de feu Mgr le duc de Berri, le prince qui avait daigné accepter le titre de son président.

Le dimanche 20, MM. les Officiers de la garde nationale de Paris, suivis de leurs légions respectives, vinrent au Louvre y accomplir le pieux devoir auquel ils n'avaient pu satisfaire le 16.

Le lundi 21, à onze heures du matin, vint M. le maréchal duc de Coigny, marchant à la tête de l'état-major des Invalides.

A midi et demi, M. le Nonce de Sa Sainteté et MM. les Ambassadeurs et Ministres étrangers, qui s'étaient réunis au Louvre, dans l'appartement de M. le Gouverneur, se rendirent en corps à la chapelle ardente.

Un instant après, entra M. le Ministre de la guerre, suivi de MM. les Lieutenans-généraux et Maréchaux-de-camp se trouvant à Paris.

MM. du Conseil-d'Etat y furent ensuite.

Si nous n'étions obligés de fixer un terme à ce récit, nous donnerions ici la nomenclature de toutes les corporations et sociétés, car il n'en est pas une qui ne se soit empressée de venir déposer le tribut de sa douleur.

Tous les jours, depuis huit heures du matin jusqu'à midi, étaient dites, aux deux autels élevés dans la chapelle ardente, des messes auxquelles assistaient toujours les fidèles qui pouvaient y trouver place.

M. de Bombelles, évêque d'Amiens et premier aumônier de Madame la duchesse de Berry, et M. l'abbé de la Noue, assistèrent continuellement le corps. Un clergé aussi nombreux que le permettait le local, récitait constamment des prières.

La maison de Monsieur et celle de Mgr le duc d'Angoulême ne cessèrent de concourir avec celle de Mgr le duc de Berry, au service que celle-ci fit habituellement auprès du corps pendant tout le temps du dépôt au Louvre.

Le mardi 22, Mgr le duc d'Orléans, nommé par le Roi pour conduire le corps de Mgr le duc de Berry à Saint-Denis, se rendit au Louvre à huit heures trois-quarts, accompagné de M. le duc de Duras, désigné par le Roi à cet effet.

S. A. S. fut conduite de suite par le marquis de Dreux-Brézé, grand-maître, le baron de Saint-Félix, premier aide, et le vicomte de Geslin, deuxième aide des cérémonies, ainsi que par les premiers officiers de la maison de Mgr le duc de Berry, dans la première pièce de l'appartement de deuil, où elle attendit l'instant de la levée du corps.

Tous les officiers-généraux et autres, voulant suivre à pied le convoi, remplissaient les salles. M. le lieutenant-général, comte Defrance, indiqua à ces Messieurs la place qu'ils devaient occuper dans le cortége, et les y fit conduire par des officiers de son état-major.

Tout étant prêt, Mgr le duc d'Orléans fut mené à la chapelle ardente, où, après que S. A. S. eut jeté de l'eau bénite, se fit la levée du corps de la manière suivante :

Le Grand-maître des cérémonies prit les honneurs sur le cercueil, et les remit, posés sur des carreaux et couverts de crêpes, aux trois premiers principaux officiers de la maison de Mgr le duc de Berry, qui les portèrent, marchant en arrière du cercueil.

Les valets de chambre du Prince défunt levèrent le corps; M. le duc de Conégliano et M. le marquis de Viomesnil, pairs et maréchaux de France, MM. les lieutenans-généraux comte Dupont et comte de Béthisy, désignés par S. M. pour porter le poële, en prirent chacun un des coins.

M. l'évêque d'Amiens, faisant fonctions de premier aumônier de feu Mgr le duc de Berry, portait le cœur posé sur un carreau et couvert d'un crêpe.

Le cercueil fut porté ainsi jusqu'à la salle des gardes de Monsieur, de service auprès du corps.

Douze de ces gardes le prirent alors, et le placèrent sur le char funèbre.

M. l'évêque d'Amiens eut toujours la garde du cœur jusqu'à Saint-Denis, et monta dans un carosse, dont la place va être désignée plus bas, en rendant compte du cortége.

Pendant cette marche, de la chapelle ardente jusqu'au char funèbre, Mgr le duc d'Orléans, accompagné de M. le duc de Duras, marchait en arrière du corps.

A l'exception de M. le comte de Nantouillet, qui portait la couronne ; de M. le comte de Clermont-Lodève, qui portait le collier des Ordres du Roi ; de M. le comte de Rohan-Chabot, qui portait le collier de l'Ordre de la Toison-d'Or, et de l'Officier des gardes-du-corps de service ; tous les autres officiers de la maison de Mgr le duc de Berry allaient en avant, précédés du clergé et des hérauts d'armes.

Le Grand-maître et les aides des cérémonies étaient au pied du cercueil.

Le corps, placé dans le char, le cortége se mit en marche de la manière suivante :

Un détachement de la gendarmerie de Paris et du département de la Seine en avant, pour faire la police du chemin.

L'état-major de la place.

L'état-major de la première division militaire.

L'état-major de la garde royale.

L'état-major de la garde nationale.

Un détachement de la gendarmerie des chasses.

Deux mille hommes d'infanterie de ligne.

Quarante hommes de la première compagnie des sous-officiers sédentaires de service près la Chambre des pairs.

Un escadron de la cavalerie légère de la garde royale.

Un détachement d'artillerie à cheval de la même garde, avec trois pièces.

Un bataillon d'infanterie de la même garde.

Cent hommes de la cavalerie de la garde nationale.

Six drapeaux funèbres des six premières légions de la garde nationale, portés par six de MM. les officiers de ces légions.

Huit cents hommes d'infanterie de la même garde.

Les officiers de tous grades, soit en activité, en non activité, en congé et en retraite, suivant à pied.

Quatre cents pauvres tenant un cierge à la main.

Cent ecclésiastiques du clergé de Paris.

Douze palfreniers à cheval.

Venaient dix-huit carosses de deuil drapés et aux armoiries de Monseigneur le duc de Berry, tous attelés de huit chevaux richement caparaçonnés.

Quatorze marchaient en avant du char funèbre et quatre en arrière.

Dans les onze premiers étaient des principaux officiers et autres de la maison du Prince défunt.

Dans le douzième étaient MM. los comtes de Nantouillet, de Clermont-Lodève et de Chabot, portant les honneurs.

Venait ensuite le carosse dans lequel était monté Monseigneur le duc d'Orléans, ayant à sa gauche M. le duc de Duras, et sur le devant deux des premiers officiers de S. A. S.

Quatre gardes-du-corps à cheval.

Le carosse où était porté le cœur de S. A. R., et dans lequel étaient M. l'évêque d'Amiens, M. l'abbé de la Noue, MM. les curés de l'Assomption et de Saint-Germain-l'Auxerrois.

Les trompettes des gardes-du-corps.

Quatre gardes-du-corps de MONSIEUR à cheval.

Quatre hérauts d'armes à cheval marchant deux à deux.

Le roi d'armes de France, seul, à cheval.

Un écuyer de Monseigneur le duc de Berry.

Un aide des cérémonies à cheval dirigeant le cortége.

Le char funèbre, remarquable par la noblesse de sa forme et la richesse de ses ornemens.

Cent gardes-du-corps de MONSIEUR à cheval.

Douze palfreniers.

Les quatre carosses de deuil marchant en arrière.

Dans le premier, quatre de MM. les pairs de France : MM. le duc de Doudeauville, le mar-

quis de Barbé-Marbois, le Marquis de Sémon-
ville et le comte Desèze.

Dans le second, quatre de MM. les maréchaux
de France : MM. le duc de Conégliano, le marquis de Viomeshil, le duc de Tarente et le duc
de Trévise.

Dans le troisième, deux de MM. les grands-
croix de l'ordre royal et militaire de Saint-Louis,
et deux de MM. les grands-croix de l'ordre royal
de la légion d'honneur : MM. les lieutenans-
généraux comte de Béthisy, comte de Briou,
comte Rapp et comte Dupont.

Dans le quatrième, deux de MM. les grands-
officiers de la légion-d'honneur, et deux de
MM. les commandeurs de Saint-Louis : MM. le
comte de Lagrange, le baron Rognat, le marquis de Gain de Montagnac et le comte d'Augier.

MM. les pairs et maréchaux de France,
grands-croix, grands-officiers et commandeurs
ci-dessus nommés, avaient été désignés par le
Roi pour accompagner Monseigneur le duc de
Berry.

Une haie marchante formée par l'infanterie
de ligne, les sous-officiers sédentaires de service
auprès de la Chambre des pairs, la garde royale
et la garde nationale, bordant à droite et à
gauche à hauteur des carosses de deuil.

Les six drapeaux funèbres des six dernières

11*

légions de la garde nationale, portés par six de MM. les officiers de ces légions.

Deux cents hommes d'infanterie de la garde nationale.

Un bataillon d'infanterie de la garde royale.

Un détachement d'artillerie à pied de la même garde, avec trois pièces.

Un escadron de grosse cavalerie de la même garde.

Quarante hommes des sous-officiers sédentaires.

Douze cents hommes des sous-officiers de ligne.

Un détachement de la gendarmerie des chasses.

Un détachement de la gendarmerie du département de la Seine.

Le carosse de Monseigneur le duc d'Orléans, qui devait le ramener à Paris, attelé de huit chevaux.

Le carosse de M. le duc de Duras, accompagnant Monseigneur le duc d'Orléans.

Cinq voitures du corps municipal de Paris, dans lesquelles étaient montés vingt de MM. les membres de ce corps.

Plusieurs de MM. les maréchaux de France, qui s'étaient rendus au Louvre, suivaient dans leurs carosses.

Les forts de la halle et les charbonniers de Paris suivaient le convoi.

Un détachement de la gendarmerie de la ville de Paris fermait la marche et maintenait l'ordre.

A l'arrivée du convoi à Saint-Denis, le corps fut tiré du char funèbre par les douze gardes-du-corps qui l'y avaient placé, et porté par eux à l'entrée de la nef.

A l'instant où le corps sortit du char, M. le duc de Conégliano, M. le marquis de Viomesnil, MM. les lieutenans - généraux comte Dupont et comte de Béthisy reprirent chacun les coins du poële.

Le chapitre de Saint-Denis, précédé de M. de Grandchamp, doyen, vint recevoir le corps à la grande porte de l'église.

M. l'évêque d'Amiens, qui y était entré portant le cœur, le remit à M. l'abbé de la Noue, et fit un discours de présentation au doyen, qui y répondit.

Les gardes-du-corps reprirent le cercueil et le portèrent dans le chœur, sur une estrade élevée de trois degrés.

La séance alors fut ainsi disposée :

En arrière, à droite du corps, était Monseigneur le duc d'Orléans, qui avait à sa gauche et un peu en arrière M. le duc de Duras.

Les deux maréchaux de France et les deux lieutenans-généraux portant le poële étaient aux quatre angles du catafalque.

Les trois principaux officiers de Mgr le duc de Berry, portant les honneurs, étaient derrière l'estrade.

À gauche de l'estrade, du même côté, M. l'évêque d'Amiens et M. de la Noue, aumônier.

L'officier des gardes-du-corps de Monsieur, de service auprès du Prince défunt, était placé au plus près derrière et au milieu de l'estrade.

Les officiers des cérémonies étaient en avant de l'estrade.

Les principaux officiers de la maison de Mgr le duc de Berry étaient sur des bancs à droite de l'estrade.

Les autres personnes de la maison se placèrent indistinctement et sans rangs en arrière du côté de la nef, à droite et à gauche.

Quatre hérauts d'armes et quatre gardes-du-corps étaient aux coins de l'estrade.

Le roi d'armes seul au milieu du côté de l'autel.

MM. les pairs et MM. les maréchaux de France, MM. les grands-croix de l'Ordre de Saint-Louis et de la Légion-d'Honneur, MM. les grands-officiers de la Légion et commandeurs de Saint-

Louis, venus dans les carosses de deuil, étaient placés sur des bancs, près de l'estrade à gauche.

La députation du corps municipal de Paris et les autorités civiles et militaires de Saint-Denis occupaient des bancs ensuite de ceux-ci vers la nef.

La croisée du chœur était remplie par un certain nombre de MM. les pairs de France et de MM. les députés des départemens.

S'y trouvaient aussi MM. les officiers-généraux, supérieurs et autres, qui avaient suivi le cortége à pied.

La nef était également remplie d'un grand nombre d'officiers venus de même.

Y étaient aussi les élèves de l'Ecole royale Polytechnique, qui avaient suivi le convoi, conduits par M. le général Bouchu.

La séance ainsi disposée, M. de Foucauld, chanoine du chapitre de Saint-Denis, dit une messe basse, après laquelle le doyen, assisté de tout le clergé, fit les prières, aspersions et encensemens ordinaires; ensuite, il présenta à Mgr le duc d'Orléans l'aspersoir.

S. A. S. ayant donné de l'eau bénite, le corps fut pris par douze gardes, et, précédé du cœur, toujours porté comme il a été dit, il fut transporté dans la chapelle de Saint-Louis, où il devait rester jusqu'au jour qui serait fixé par S. M. pour le service solennel d'inhumation.

Les douze officiers de la garde nationale, porteurs des drapeaux funèbres, que S. M. avait permis à cette garde de déposer autour du catafalque, vinrent alors les y placer.

Pendant le dépôt, le corps fut gardé par un détachement des gardes-du-corps de Monsieur et un poste de la garde royale.

La garde nationale de Saint-Denis, par l'organe de M. le maire de cette ville, demanda de concourir à ce service.

Deux ecclésiastiques assistèrent nuit et jour le corps du Prince; tous les matins, depuis six heures jusqu'à midi, il fut dit des messes dans la chapelle du dépôt.

Pendant tout le temps que le corps du Prince fut déposé dans la chapelle ardente, MM. les chanoines du chapitre royal furent continuellement en prières autour du catafalque. A Saint-Denis, les messes se succédèrent de demi-heure en demi-heure, et le reste du temps était employé à la célébration de l'office pour les défunts. Deux fois par jour, le chapitre assistait, en corps, à deux offices plus solennels. Tous les jours deux officiers supérieurs de la maison Militaire de S. A. R. étaient présens à la messe solennelle, ainsi que plusieurs dames de la suite de Madame la duchesse de Berry. L'affluence des personnes qui venaient jeter de l'eau bénite était toujours très-considérable.

S. A. R. Mgr le duc d'Angoulême vint, *incognito*, entendre la messe pour le repos de l'âme de son auguste et infortuné frère ; la plus profonde affliction était peinte sur sa figure : elle fut célébrée par M. Duchatillé, nommé à l'évêché de Laon. Le Prince, avant de se retirer, jeta de l'eau bénite sur le cercueil ; le goupillon lui fut présenté par M. le doyen du chapitre royal. S. A. R. était sans suite.

Toutes les dames et les élèves de la Maison royale, ayant à leur tête Madame la surintendante, assistèrent à une messe dite par leur premier aumônier. On remarqua un recueillement et une tenue parfaite ; on vit couler bien des larmes. Ces demoiselles chantèrent un *Pie Jesu* et un *De Profundis* qui produisit de vives émotions de tristesse.

Ces jours de deuil furent témoins d'une scène bien touchante : une députation des dames du marché de Versailles déposa au bas du catafalque une couronne de fleurs couverte d'un crêpe, avec une grande feuille de papier où étaient exprimés leurs regrets et leurs sentimens d'une manière très-énergique et très-pathétique tout-à-la-fois. Le style prouvait que c'était l'expression naturelle de leur vive douleur ; et ce qui le confirmait de plus en plus, c'est qu'après qu'elles eurent jeté de l'eau bénite, s'étant arrêtées à réfléchir devant le corps du Prince pleuré de toute la France, tout-à-coup on vit non-seulement couler des larmes en abondance, mais on entendit des sanglots tellement forts, qu'on fut obligé de les prier de les modérer pour la décence du lieu, et elles s'écriaient : Oui, oui, bon Prince, tu vivras toujours dans nos cœurs !

Le dimanche 27 février, un très-grand nombre d'habitans des communes des environs de Saint-Denis, une foule de personnes distinguées de la capitale, remplirent continuellement la basilique royale. La tristesse la plus profonde était peinte sur toutes les figures. On ne tarissait pas en éloges sur la bienfaisance de l'auguste victime du froid et raisonné fanatisme de son assassin. On entendit des personnages marquans abjurer leurs erreurs politiques en présence des restes inanimés du Bourbon si chéri. Un si lâche attentat, en si grande opposition avec le caractère français, leur inspirait la plus grande horreur. Ils ne pouvaient concevoir qu'une opinion pût enfanter le plus odieux des crimes. Des cœurs vraiment français seront toujours sensibles à la voix de l'honneur et de la vertu.

Le 14 mars, à dix heures et demie du matin, jour fixé par Sa Majesté pour les obsèques de Son Altesse Royale le duc de Berry, le cortége de la cour partit des Tuileries pour aller à Saint-Denis rendre les derniers devoirs à Son Altesse Royale Monseigneur le duc de Berry.

Son Altesse Royale Monseigneur le duc d'Angoulême, et Leurs Altesses Sérénissimes Monseigneur le duc d'Orléans et Monseigneur le duc de Bourbon, étaient dans la même voiture.

Le cortége se dirigea vers la porte Saint-Denis, et sortit par la Chapelle.

Immédiatement après, le Roi monta en voiture, et Sa Majesté se dirigea également sur Saint-Denis par la route de Clichy.

Les travaux exécutés dans la basilique de Saint-Denis présentaient un caractère d'autant plus remarquable, qu'aucune cérémonie semblable n'avait été célébrée en France depuis plus de quarante ans.

La tenture du portail, de soixante pieds de hauteur sur toute la largeur, était enrichie de draperies à l'antique, dessinant les trois grandes entrées, couronnées de plusieurs rangs de litres chargés de grandes armes du Prince, et surmontés d'un groupe de génies tenant des flambeaux renversés, et soutenant l'écusson de Son Altesse Royale.

Dans l'église, le jour extérieur ayant été soigneusement intercepté, la totalité du bâtiment
avait été voussée de draperies noires à plusieurs
rangs de litres avec un grand nombre d'armoiries du prince défunt. La nef du chœur
et le sanctuaire étaient garnis de tribunes destinées au public ; les places réservées pour les
grands dignitaires, les députations et les personnes de service, occupaient le rez-de-chaussée
de l'église.

Le catafalque, élevé au milieu du chœur,
était chargé d'écussons portant les insignes du
Prince, et éclairé par une quantité de can-
delabres. A l'entrée du chœur s'élevaient deux
obélisques d'argent chargés de lumières et surmontés de croix. Sur les deux piédestaux du
grand emmarchement étaient deux colonnes
d'argent soutenant des urnes. L'intention des
architectes paraît avoir été de rappeler ici le
souvenir des deux enfans à peine en bas âge que
le Prince avait perdus.

L'autel, richement décoré, était surmonté
d'un dais de velours avec panaches et pente.
Derrière l'autel, une grande croix ardente formait le point principal, et terminait la pers-
pective. Enfin le luminaire se composait de deux
rangs de filets de lumière ; des anges ailés en
argent étaient placés sur chaque pilier de l'église,

au-dessus du premier rang de lumières : ce luminaire était si riche, et son effet avait été si bien calculé, qu'aucun point de l'église n'était obscur ; l'ensemble de ces dispositions était d'un caractère parfaitement analogue à leur destination. Ces travaux très - considérables furent conduits avec autant de talent que de zèle par MM. Lecointe et Ittorft ; leur exécution était si parfaite, qu'elle ne se ressentait pas de la précipitation avec laquelle ces deux architectes avaient dû travailler.

A dix heures du matin, les ministres, les maréchaux de France, les grandes députations de la Chambre des pairs et de celle des députés, le corps diplomatique, les cours de cassation et des comptes, la cour royale, les tribunaux civil et de commerce, les grands-cordons et chevaliers des ordres de Saint-Louis et de la Légion-d'Honneur, les officiers-généraux et supérieurs et autres fonctionnaires civils et militaires, occupèrent les places qui leur avaient été réservées.

A onze heures du matin, Leurs Altesses Royales et Sérénissimes Monseigneur le duc d'Angoulême, Monseigneur le duc d'Orléans et Monseigneur le duc de Bourbon, qui composaient le grand deuil, prirent place dans les hautes stalles du côté de l'épitre, le plus près de l'autel. En avant du catafalque se tenaient M. le grand-maître et MM. les aides des cérémonies ; en arrière, MM. les officiers de la maison du Prince défunt, et aux quatre coins, MM. les maréchaux de France ducs de Coigny et de Reggio, et MM. les lieutenans généraux Digeou et Larochefoucauld, qui devaient porter les quatre coins du poële.

Bientôt après, le Roi, LL. AA. RR. *Madame*, madame la duchesse d'Orléans, mademoiselle et Mgr le duc de Chartres prirent place dans la tribune située au-dessus des stalles occupées par les Princes du grand deuil : l'arrivée du Roi, ce témoignage inaccoutumé d'affection, que Sa Majesté voulut donner à la mémoire d'un neveu chéri, produisit la plus vive impression. Le service commença aussitôt ; monseigneur l'évêque de Chartres, premier aumônier de MONSIEUR, officia.

L'oraison funèbre fut prononcée par monseigneur de Quelen, coadjuteur de l'archevêché de Paris. L'organe de l'orateur chrétien, sa voix sonore, quoique altérée par la douleur, les larmes qui coulèrent de tous les yeux, firent à-la-fois l'éloge du Prince défunt, et de l'orateur qui sut se rendre l'interprète de la douleur publique.

Les morceaux de musique qui furent exécu-

tés, étaient une nouvelle marche funèbre de
M. Chérubini, surintendant de la musique du
Roi; un *miserere* en plain-chant, une superbe
messe de *requiem*, de M. Chérubini; une marche funèbre, par M. Desvignes, maître de musique de la cathédrale; un *De profundis* sur la
tombe, par les chantres, *in paradisium*, an-
tienne de Persuis, et une belle marche funèbre,
par M. Léfebvre.

Au moment de l'offrande, le roi d'armes de
France quitta sa place; il salua d'abord l'autel,
Mgr le duc d'Angoulême, le corps de Mgr le
duc de Berry, Mgr le duc d'Orléans, Mgr le
duc de Bourbon, le corps diplomatique, la
grande députation de la Chambre des pairs,
celle de la Chambre des députés, les Cours de
cassation et des comptes, la Cour royale et les
Tribunaux civils et de commerce. M. le marquis de Dreux-Brézé quitta alors sa place; il fit
les mêmes saluts dans le même ordre, et il
avertit Mgr le duc d'Angoulême d'aller à l'offrande. Le Prince sortit de sa stalle, ayant la
queue de son manteau portée par deux de ses
premiers officiers; il s'avança au milieu du chœur,
ayant à sa droite M. le grand-maître des cérémonies; puis, après avoir fait les saluts ci-dessus
indiqués, il alla à l'autel; il s'agenouilla devant l'évêque officiant dont il baisa l'anneau,

et lui remit un cierge dans lequel étaient incrustées plusieurs pièces d'or. S. A. R. retourna ensuite à sa place, après avoir salué l'autel et le corps de Mgr le duc de Berry.

La même cérémonie fut observée par Mgr le duc d'Orléans, qui se rendit à l'offrande, accompagné par M. le baron de Saint-Félix, premier aide des cérémonies, puis ensuite par Mgr le duc de Bourbon, qui était accompagné par M. le vicomte de Geslin, second aide des cérémonies.

Après la messe, le clergé s'avança processionnellement vers le catafalque, ayant la croix en tête; les prières d'usage, les trois absoutes furent faites, puis l'eau bénite jetée sur le corps: seize gardes-du-corps de MONSIEUR enlevèrent le cercueil, en marchant vers le tombeau: les trois Princes du grand deuil suivirent jusqu'à l'entrée du caveau; lorsque les restes mortels de S. A. R. passèrent devant la tribune royale, le Roi, MADAME et les Princesses s'agenouillèrent. S. M. avait couvert sa figure vénérable avec ses deux mains, et cependant on voyait encore des larmes s'échapper.

Le spectacle de regrets si augustes et si profonds déchirait tous les cœurs. Il avait donc bien des vertus ce Prince que l'on pleurait ainsi comme neveu, comme frère, beau-frère, et comme Français! Dans ce moment solennel, et par un mouvement unanime, chacun détourna ses regards de ce spectacle terrible : le corps avança lentement vers sa dernière demeure, et la tombe prématurée engloutit un jeune Prince qui devait régner sur nous, et dont la mort héroïque aurait seule fait apprécier les qualités qui le distinguaient. Des salves de mousqueterie se firent entendre alors.

Le corps ayant été inhumé, le roi d'armes de France et deux hérauts d'armes se rendirent près du tombeau ; le roi d'armes resta à l'entrée, et les deux hérauts descendirent dans le caveau. Le roi d'armes de France appela successivement les principaux officiers de Mgr le duc de Berry, qui portaient les insignes ; ils furent présentés dans l'ordre suivant : l'épée, le collier de l'Ordre de la Toison-d'Or, le grand cordon de l'Ordre de la Légion - d'Honneur, le grand cordon de l'Ordre de Saint-Louis, le collier de l'Ordre du Saint-Esprit, le manteau et la couronne.

La couronne fut apportée par M. de Nantouillet, qui prononça ces mots, en s'adressant aux officiers de la maison du Prince : « Monsei-» gneur le duc de Berry, votre maître et le » mien, est mort ; officiers, pourvoyez-vous ! » Le roi d'armes de France dit ensuite deux fois à haute voix : « Très-haut et très-puissant prince

» Charles - Ferdinand d'Artois, duc de Berry,
» est mort; priez Dieu pour le repos de son
» âme. »

C'est ainsi qu'a été terminée une cérémonie
aussi lugubre. Nous n'essaierons pas de peindre
les sentimens qui agitaient les témoins de cette
scène déplorable; il est des douleurs pour lesquelles on ne trouve pas d'expression.

Une grande partie de la population de Paris
et des communes voisines s'était portée à Saint-
Denis. Dans cette ville, la haie était formée par
des détachemens des gardes-du-corps, la 52e légion et la gendarmerie.

Dans la capitale, la Bourse, les bureaux des
administrations, et même un grand nombre de
magasins et boutiques étaient fermés. Beaucoup
de personnes portaient le deuil, et on voyait
sur toutes les figures l'affliction que rendait plus
vive la triste cérémonie de cette journée.

ANECDOTES

Relatives à S. A. R. Monseigneur le Duc de
Berry et à Madame la Duchesse.

En offrant à nos lecteurs cette série de tableaux où la vertu, l'héroïsme, la grandeur d'âme, la bienfaisance sont mis en action, nous n'avons suivi aucun ordre, c'est un Musée unique, c'est une école sublime du cœur humain ; ce sont des modèles à imiter, qui commandent à-la-fois le respect, l'amour, l'admiration pour notre héros et pour l'auguste Princesse dont les Français partagent les regrets et les douleurs.

Un préfet, destitué pour trop d'attachement à la monarchie, était allé au Louvre, dans l'espoir de rendre son douloureux et dernier hommage au duc de Berry ; mais il trouva la grille fermée ; et bientôt entouré de plusieurs groupes, qui s'entretenaient du cruel événement, il remarqua surtout des hommes et des femmes, dont les vêtemens annonçaient une situation voisine de la misère : il les entendit faire l'éloge du Prince et de la Princesse ; son cœur tressaillit, et il prêta l'oreille. « Jamais l'infortuné, disaient-ils, n'éprouva un refus de leur part, et leur charité active allait chercher dans son obscur réduit le malheureux honteux de sa misère et qui n'osait implorer leur secours. *Les pauvres ont perdu leur père*, dit une femme en pleurant, *mais le bon Dieu le récompensera ; quant à moi, j'ai mis ma robe au Mont-de-Piété afin de faire dire une messe pour lui.*» Les orateurs qui feront le panégyrique du Prince, trouveront-ils un trait plus touchant que celui-là ?

Le jour qu'on amena, des ateliers de la ville, la statue de Henri IV, un accident la fit arrêter long-temps à l'entrée de l'allée de Marigny, du côté de la place Beauveau. Monsieur et Monseigneur le duc d'Angoulême attendaient, en voiture, à l'extrémité opposée de l'allée, que la statue continuât sa marche. Le duc de Berry, qui était sur la terrasse du palais de l'Elysée, reconnut les deux princes, et sortit aussitôt pour aller les rejoindre ; il était en frac, nu-tête et sans aucune décoration ; la foule était immense, et lui fermait le passage : Place, place, s'écriat-il plusieurs fois avec assez de force et même d'impatience. Comme il n'était pas reconnu, personne ne bougeait ; quelqu'un, cependant,

arriva près de lui et le nomma ; les rangs s'ou-
vrirent à l'instant avec un empressement respectueux ; le Prince, en les traversant, disait
à droite et à gauche : « Mes amis, je vous de-
» mande pardon, c'est mon père qui m'appelle,
» c'est mon frère qui m'attend. » Il serait difficile de rendre l'effet que fit sur le peuple ce
peu de paroles prononcées avec l'expression
d'une naïveté à-la-fois noble et familière. Pendant plus d'un quart-d'heure, le duc de Berry,
debout à la portière de la voiture, s'entretint
avec ses augustes parens, pressé par la foule qui
formait un cercle autour de lui, et qui s'ouvrit
de nouveau avec respect quand le Prince rentra
à l'Elysée. Pendant tout ce temps on n'entendait que ces mots répétés à l'envi par les spectateurs : Voyez ces Princes, comme ils sont
bons ! comme il sont confians !

———

Mgr le duc de Berry se rendait, il y a quelque temps, à Bagatelle dans un cabriolet. En
traversant le bois de Boulogne il aperçut un
enfant chargé d'un panier dont le poids excé-
dait ses forces. Il arrête son cheval et questionne
le petit paysan. — *Mon père m'envoie à la
Muette porter ce panier qu'on attend.* — *Mais
il paraît bien lourd, ce panier, il te fatigue ?* —
Dame, sans doute, mon bon monsieur ; mais

c'est égal. — Donne-le-moi, répond le Prince, *je le remettrai en passant.—Vous êtes bien bon, ce n'est pas de refus.* Le Prince fait placer le panier dans son cabriolet, passe à la Muette, le remet à sa destination, revient sur ses pas, descend chez le père de l'enfant et lui dit : *J'ai rencontré ton fils ; il ployait sous le faix dont tu l'avais chargé : je l'ai aidé ; son panier a été remis tout-à-l'heure. Une autre fois, épargne-lui tant de peine, des fardeaux si lourds altéreraient sa santé, tu l'empécherais de grandir. Tiens, achète-lui un âne qui portera ses paniers.* S. A. R. donne alors une bourse au paysan, remonte en cabriolet et reprend la route de Bagatelle.

———

Le duc et la duchesse de Berry allant un jour à Bagatelle dans leur calèche, trouvèrent, à la barrière de l'Etoile, un dragon de la garde royale renversé de son cheval et ayant la jambe cassée. Le Prince et la Princesse mettent aussitôt pied à terre, prodiguent des secours à ce militaire, et le font monter dans leur calèche pour le conduire à l'hospice. Ce trait d'humanité a fourni le sujet d'une gravure.

———

Tout le monde sait que Monseigneur le duc de Berry était président de la Société de bienfaisance, qu'il prenait part à ses travaux et assistait à ses réunions générales. Dans le rapport que fit monsieur Deleuze, vice-président de cette société, à l'assemblée générale du 12 mai 1818, il dit que le Prince avait assuré 500 fr. par mois, puis avait accordé 11,000 fr. de secours extraordinaires, et qu'il avait pris en outre vingt cartes de dispensaire, qu'il avait payées comme les souscripteurs, et avait confiées aux personnes les plus capables d'en faire un bon usage.

Dans un autre rapport fait par M. Deleuze, dans la séance du 8 mai 1819, Monseigneur le duc de Berry est cité comme ayant fait un don annuel de 6000 fr., et un don extraordinaire de 3000 fr., concurremment avec Madame la duchesse son épouse. M. Deleuze terminait ainsi son rapport :

« Nous n'offrirons point ici à cet auguste
» Prince le tribut de nos remercîmens, puis-
» qu'il jouit le premier du bien qu'il nous met
» à portée de faire ; mais il nous permettra de
» lui transmettre les vœux, la reconnaissance
» et les bénédictions de tant de malades et
» d'infortunés qui, délivrés de leurs maux phy-
» siques, soulagés dans leur détresse et rendus
» à leurs travaux par les secours qu'il leur a

» procurés, s'estiment heureux de l'intérêt
» qu'il prend à leur sort. »

Le nom de ce Prince généreux était associé
à tous les établissemens de bienfaisance. Il avait
donné 2000 fr. en argent à la Caisse d'épargne
et de prévoyance, qui ne comptait pas encore
quinze mois d'existence. Le 24 janvier dernier,
dix-huit jours avant l'horrible assassinat, M. le
duc de la Rochefoucault, président de cette
association, avait félicité les fondateurs et ad-
ministrateurs de la caisse, des secours et de
l'appui qu'ils avaient reçus de ce Prince.

On se rappelle que feu Monsieur le Prince de
Condé était président suprême de l'association
paternelle des chevaliers de l'ordre royal et
militaire de Saint-Louis. Monseigneur le duc
de Berry, pour donner une preuve constante
de son inviolable attachement à ses anciens
compagnons d'armes, tint à honneur de suc-
céder au Prince en cette qualité. Nous avons
vu plus haut qu'il avait reçu de ce héros les
premières leçons de l'art militaire; c'est de lui
qu'il avait dit si noblement en apprenant sa
mort : *Nous avons perdu notre vieux drapeau
blanc*. L'association paternelle des chevaliers

de Saint-Louis a pour but de secourir les défenseurs du trône réduits à une honorable indigence et succombant sous le poids des années. Cette association pourvoit en outre, dans des établissemens fondés à Senlis et à Versailles, à la nourriture, à l'entretien et à l'éducation des fils et des filles de pauvres gentilshommes que la révolution a privés de leur fortune. Il serait difficile de trouver une institution plus respectable et mieux dirigée. Deux chevaliers français, qu'on trouve toujours sur le chemin de l'honneur, et dont le cœur compatissant s'ouvre à toutes les bonnes œuvres, furent chargés, à la fin de 1819, de présider à l'inspection des deux établissemens : ils eurent la satisfaction de les trouver parfaitement tenus, et ils distribuèrent des récompenses aux élèves les plus recommandables par leurs vertus et leurs talens. L'association paternelle n'avait pu choisir un plus digne successeur au Prince de Condé.

Ces établissemens, qui ne font encore que naître, assurent déjà à la France des soutiens éclairés, au Roi des sujets fidèles, et aux familles des enfans soumis et respectueux.

———————

Lorsque Monseigneur le duc de Berry rentra en France, il écrivit à M. Provenchère, qui avait été son sous-gouverneur, pour l'inviter à se rendre près de lui, et lui offrir la place de caissier de sa maison. Cet ancien serviteur, retiré en Amérique, témoigna au prince toute sa reconnaissance; mais lui exposa que son âge et ses infirmités l'empêchaient de passer en France. Monseigneur le duc de Berry eut l'extrême bonté de lui écrire une seconde fois, pour annoncer à M. Provenchère qu'il toucherait les appointemens de sa place, quoiqu'il le dispensât de la remplir. En effet, le duc de Berry n'avait point de caissier.

* * *

L'un des établissemens de charité de Lille se voyait, il y a quelques mois, dans un état de gêne momentanée, qui donnait la crainte qu'il ne pût continuer à secourir tous les pauvres dont sa fondation lui prescrit le soulagement. Une personne qui en était informée, se trouvant à Paris, prit la liberté de se présenter chez S. A. R. Mgr. le duc de Berry, pour lui demander de vouloir bien contribuer, par sa généreuse bienfaisance, à la durée d'une institution qu'il protégeait. « Je ne me refuserai ja- » mais, lui répondit le prince, à toute de- » mande qui me sera faite au nom de cette » bonne ville de Lille. Les pauvres ont besoin » de secours, je vais donner des ordres pour

» qu'une somme de 1,000 fr. soit expédiée. »
Puis il ajouta, en souriant avec bonté : « Je ne
» puis faire davantage, car je ne suis pas si
» riche qu'on le croit : la France a beaucoup
» souffert, et *nous* avons bien des charges. »

A M. le Rédacteur de la Quotidienne.

Paris, 26 février 1820.

Monsieur,

Au moment où la France entière verse des
larmes de sang sur l'odieux attentat qui vient
de lui ravir un petit-fils de Henri IV. et re-
cueille avec toute l'avidité de la douleur tout
ce qui a rapport au prince généreux dont la
mémoire restera gravée éternellement dans tous
les cœurs, permettez-moi de vous adresser le
trait suivant, dont je garantis l'authenticité,
le tenant de M. le comte de la Ferronnays,
dont j'ai l'honneur d'être proche parent, et qui,
pendant quinze ans, a eu le bonheur de posséder toute la confiance et l'attachement de
S. A. R.

« Pendant le séjour de l'infortuné duc de
Berry dans cette terre hospitalière qui aura
toujours aux yeux de tout vrai Français le mérite de nous avoir conservé nos princes chéris,

M. le comte de la Ferronnays, ayant eu le
malheur d'avoir avec le prince une discussion
assez vive, dans laquelle Monseigneur le duc
de Berry, emporté par cette vivacité de caractère que rachetaient tant de bonté et de
vertus, lui avait adressé des choses assez pi-
quantes en présence de plusieurs de ses gens,
s'était vu forcé de quitter le prince, en lui
adressant une lettre où il lui exprimait toute sa
douleur de voir que ses services ne lui étaient
plus agréables, et où il suppliait S. A. R. de
vouloir bien accepter sa démission.

» Le lendemain matin, Monseigneur le duc
de Berry lui écrivit un mot de sa main pour
l'engager à dîner. Le comte de la Ferronays se
rendit aux ordres de Son Altesse Royale. Le dîner
se passa en silence : une fois rentré dans le salon,
le Prince se promena quelques minutes avec
une grande agitation ; puis s'approchant de la
cheminée, il sonna avec force, et dit au valet
de pied qui entra : Faites venir un tel et un tel
(ceux de ses gens qui avaient été témoins de la
scène de la veille). Aussitôt qu'ils furent entrés,
le Prince leur adressant la parole avec noblesse et
dignité, leur dit : « Messieurs, vous avez entendu
hier les choses beaucoup trop fortes que j'ai adres-
sées à M. de la Ferronnays, je veux que vous soyez
aujourd'hui témoins de la réparation que je veux

lui faire et que je lui fais. Que la scène qui s'est passée hier ne soit jamais un prétexte pour manquer au respect que vous lui devez : le premier qui aurait ce malheur, je le chasse.... Sortez. » Alors se retournant vers le comte de la Ferronnays, et lui tendant les bras, il lui adressa ces mots si nobles et si touchans : Es-tu content ? Le comte de la Ferronnays, pénétré d'admiration et de reconnaissance pour tant de bonté et de grandeur d'âme, se jeta, pour toute réponse, en fondant en larmes, aux pieds de cet excellent prince, qui le releva, et pendant quelques instans le tint pressé sur son cœur si bon et si sensible. »

Je m'abstiendrai, Monsieur, de toutes réflexions sur un trait aussi touchant et si digne d'un petit-fils de Henri IV.

J'attends de votre attachement bien connu pour la famille des Bourbons, que vous voudrez bien le rendre public, en insérant ma lettre dans votre prochain numéro.

Recevez, etc.

Le marquis DE GOULET,
Colonel de la Légion de la Haute-Saône.

———

Madame la duchesse de Berry, joignant, comme son auguste époux, la délicatesse à la bonté, et voulant reconnaître le service que Desbiés, garde royal, a rendu à la France en arrêtant Louvel, lui a envoyé une montre d'or d'une valeur considérable, mais dont le plus grand prix est le chiffre de *Charles-Ferdinand duc de Berry*, gravé sur cette montre par ordre de la donatrice. Cette Princesse a fait aussi remettre à Paulmier, qui, le premier, a arrêté l'assassin, une somme de 1,000 fr. Cette récompense lui a été envoyée, au nom de S. A. R., par madame la duchesse de Reggio.

Le Roi a accordé une pension à ces deux braves Français, et des récompenses à ceux des employés supérieurs et autres de l'Opéra, qui ont eu l'honneur de donner des soins à Mgr le duc de Berry, à ses derniers momens.

S. A. R. Monsieur, ayant envoyé à M. Dupuytren ses honoraires pour les soins qu'il a donnés à Mgr le duc de Berry, M. Dupuytren a répondu avec un noble désintéressement. Monsieur lui a fait remettre une boîte d'or, enrichie de brillans et ornée de son portrait, en le priant d'accepter la boîte pour le portrait.

———

M. de Puymaurin, directeur du Cabinet des Médailles, membre de la Chambre des députés, a fait graver une médaille qui représente Monseigneur le duc de Berry, et porte au revers ces mots :

PUGIONE
PERCUSSUS PERIIT
14 FEBRUARIO 1820.

GALLIA SPEM SUAM,
CONJUX AMANTEM,
MILITES DUCEM,
PAUPERES PATREM
PERDIDÊRE.

Il a été ouvert, à l'Hôtel des Monnaies, une souscription pour une seconde médaille destinée à perpétuer le souvenir de cet horrible forfait ; on souscrit aussi chez M. Curmer, notaire, rue Neuve-St.-Augustin, n° 25, pour l'érection d'un monument expiatoire qui sera élevé sur l'emplacement de l'Opéra.

————

La lettre suivante, dont on peut garantir l'authenticité, fut écrite par Monseigneur le duc de Berry, à l'âge de dix-neuf ans.

Blankenbourg, ce 26 décembre 1797.

« Je viens de recevoir, Madame, une nou-
» velle qui m'a fait un bien grand plaisir,
» puisqu'elle m'assure que je pourrai vous
» revoir bientôt, ainsi que tous mes anciens

» camarades. L'empereur vient de m'accorder
» le régiment de cavalerie noble ; il a voulu
» ajouter cela à toutes les bontés dont il a
» comblé M. le prince de Condé , et je mets
» beaucoup de prix à cette grâce-là ; car ce
» sera toujours un grand bonheur pour moi
» de partager le sort de nos malheureux gentils-
» hommes , et d'être à leur tête. Je ne doute
» point, Madame, de la part que vous y pren-
» drez , par le regret que vous avez bien
» voulu me témoigner lorsque nous nous
» sommes quittés.

» Vous avez peut-être déjà appris le nou-
» veau malheur qui vient augmenter les peines
» de notre malheureux Roi ; le Directoire a
» dicté ses ordres , et un roi puissant s'empresse
» de les exécuter : il a fait dire au duc de Bruns-
» wick de faire partir tous les émigrés de ses
» États ; ce prince , en s'acquittant de cette
» triste commission, a mis envers le Roi et
» envers les émigrés tous les égards qu'on
» peut attendre de cœurs sensibles et géné-
» reux ; et sa famille a partagé d'une manière
» bien respectable ses sentimens et imité son
» exemple. Ainsi le Roi va encore courir de
» pays en pays chercher un asile qu'on lui re-
» fusera partout ! Mon frère le suivra ; pour
» moi, j'irai à Cuxhaven attendre un bateau

» quel qu'il soit ; car pour le brick, il a sûrement
» péri, puisqu'il a mis en mer le 28, et qu'il
» n'était pas arrivé le 3o.

» Agréez avec bonté, Madame, l'hommage
» de mon respectueux attachement, et croyez
» au bonheur que j'éprouve d'avoir la certitude
» de vous revoir. Oserai-je vous prier de dire
» mille choses à J***. et à V***. ; je connais
» assez leur amitié pour moi, pour vous prier,
» Madame, de leur faire mon compliment sur
» mon prochain retour à l'armée.

» CHARLES FERDINAND. »

Le Duc avait adressé, quelques mois aupa-
ravant, une lettre à la même personne, dont
voici le dernier paragraphe.

« Je me souviens avec plaisir de la manière
» dont nous avons fêté la sainte Cécile, il y a
» deux ans à Mulheim, et je vous assure que
» je regrette bien sincèrement de n'être pas à
» même de passer une soirée aussi gaie. Nous
» oubliions quelquefois que nous n'étions pas
» chez nous, en n'entendant parler que fran-
» çais, en ne voyant que des cocardes blanches.
» Je sens combien il en coûtera à l'armée de
» quitter cette marque de fidélité et de dévoû-

» ment (1). Espérons au moins que c'est le der-
» nier période de nos maux, et que nous pour-
» rons bientôt la reprendre pour ne la quitter
» jamais. Vous savez sûrement que le malheu-
» reux Richer-Serizy a été arrêté à Bâle, et li-
» vré au Directoire. Quel bouleversement gé-
» néral de morale et d'idées ! on ne peut croire
» à ce qu'on voit. »

Le lieutenant-général comte C. B. mourut,
il y a dix-huit mois, par suite d'un accident;
sa veuve resta sans fortune, avec une pension
de 1,500 fr. Elle s'adresse au prince qu'elle ne
connaît point, et sur-le-champ elle reçoit
un secours de 1,000 fr., et l'assurance d'une
pension de 1,200 fr., pour élever une jeune
fille et soutenir son fils au service.

Un officier à demi-solde, chargé d'une famille nombreuse, pressé par le besoin, veut se
défaire d'un tableau d'un grand maître : il le fait
estimer; son prix s'élève à 3,000 fr.; mais les
marchands et les amateurs profiteront de sa détresse pour lui offrir moins que la moitié de sa
valeur; il s'adresse à un officier de la maison du
duc de Berry : le prince se fait bien expliquer

---

(1) En passant à la solde de Russie, l'empereur Paul exigea
que le corps de Condé prît la cocarde de son armée.

la beauté de l'ouvrage ; ensuite, il dit : « Voilà
» les mille écus, remettez-les à cet officier,
» et dites-lui que je ne veux point le priver
» du plaisir que doit lui faire un aussi beau
» tableau. »

Une pauvre femme, âgée et infirme, qui
demeure dans le faubourg Saint-Honoré, était
tombée dans une détresse si grande, qu'elle
couchait depuis deux ans sur de la paille. Une
voisine un peu moins pauvre, mais trop pauvre
cependant pour venir à son secours, lui dit :
« Adressez-vous au duc de Berry, écrivez-lui ;
» on dit qu'il est si bon ! » Dans une misère si
profonde, la vue ne se porte point si haut ; l'infortunée rejeta ce conseil comme chimérique.
La voisine a plus de confiance ; elle écrit au duc,
et lui fait un tableau naïf et touchant de la situation de sa malheureuse amie ; ensuite, se
plaçant dans une allée des Champs-Élysées, au
moment où elle voit la voiture du prince, elle
lève sa lettre, et l'agite en l'air. Un palfrenier
vint prendre le placet ; le duc est ému en le li-
sant ; il ordonna à un de ses gens d'aller prendre
des renseignemens : ils sont favorables, et aussitôt le prince envoye 500 fr., et fait espérer d'autres secours pour l'avenir.

— Un militaire blessé à la bataille de *Mont-Saint-Jean* a rapporté que Mgr. le duc de Berry l'avait pansé *lui-même*, et qu'enveloppant sa main d'un mouchoir, S. A. R. s'était exprimée ainsi : « Va, mon ami, rentre dans ta patrie, et dis à tes camarades que c'est le duc de » Berry qui a mis le premier appareil sur ta » blessure. » Ce brave soldat préférait la mort, disait-il ces jours derniers, à la perte de ce mouchoir.

Nous croyons faire plaisir à nos lecteurs, en rapportant ici une lettre que le duc de Berry, alors âgé de treize ans, écrivait, de Turin, à son auguste père.

Lettre de Monseigneur le duc de Berry.

Turin, 15 août 1792.

Avec quel plaisir nous avons reçu, mon cher papa, la lettre de ce bon régiment de Berwick, et votre réponse, ainsi que celle de Monsieur ! Ah ! que n'y suis-je ! Je voudrais bien voir ces bons soldats et me battre avec eux ; je leur dirais, comme notre bon Henri : « Camarades, si dans la chaleur du combat vous perdez vos drapeaux, ralliez-vous à mon panache blanc, qui

'ne sera jamais qu'au chemin de l'honneur. »
Cette pensée me fait bouillir le sang dans les
veines, mon cher papa; marchons pour rendre
la liberté à notre malheureux Roi. Trente-deux
officiers de Vexin sont arrivés à Nice, remplis
de zèle et de courage. Je n'en manque pas non
plus, et je suis prêt à me bien battre.

Signé, CHARLES-FERDINAND.

———

Un ancien officier du régiment de Bresse,
père d'une nombreuse famille, et qui avait
perdu toute sa fortune, croyait avoir acquis des
droits à l'admission d'une de ses filles à la maison
royale d'éducation de Saint-Denis. Il en fit la
demande, et supplia Monseigneur le duc de
Berry, dont le mariage venait d'être annoncé
à toute la France, de vouloir bien favoriser
cette demande de sa recommandation auprès
de M. le grand-chancelier de la Légion-d'honneur. Son Altesse Royale dit avec vivacité : « Je
ne me mêle point de ces choses-là. » Mais aussitôt adoucissant sa voix, avec l'intention bien-
veillante de réparer ce qu'il avait pu y avoir
d'affligeant dans sa réponse pour le postulant,
ce bon prince ajouta : « Monsieur, où est votre
demande ? » Dès le lendemain elle fut envoyée
à la grande-chancellerie, revêtue d'une apostille

favorable ; et bientôt après, l'admission de Louise de Linage fut accordée. Le généreux prince ne s'en tint pas à ce bienfait, il daigna y joindre celui des frais de trousseau de l'heureux enfant qui, ainsi que son père, partage aujourd'hui l'affliction générale, et mêlé ses larmes à celles de tous les Français.

———

Quelques jours avant sa mort, l'infortuné duc de Berry traversait seul en cabriolet le boulevard des Italiens. Un individu, qui traversait rapidement la route, est atteint par le brancard. S. A. R. descend, lui donne sa bourse et prend son adresse ; mais un homme, qui avait crié *arrête !* persistait à vouloir que le cabriolet fût conduit avec le maître chez le commissaire. La foule augmentant, et plusieurs personnes, qui très-probablement avaient reconnu le prince, l'ayant aidé à remonter, il partit. S. A. R., qui dès le lendemain s'était rendue à pied et sans suite au faubourg St.-Antoine, où logeait le malheureux qu'elle avait renversé, apprend que, par une fatalité remarquable, cet homme se trouvait être déserteur d'une légion, et croyant n'avoir rien fait en hâtant sa guérison par tous les moyens possibles, le prince lui sauve l'ignominie d'une condamnation et le fait amnistier.

Le matin du jour fatal, Monseigneur le duc de Berry parlait avec la Princesse des bals brillans auxquels ils étaient invités : « *C'est fort bien*, dit-il ; *mais pendant que les riches s'amusent, il faut que les pauvres vivent* ; et il fit porter aussitôt au bureau de charité un billet de *mille francs.* »

———

Au moment où S. A. R. le duc de Berry fut frappé par son assassin, M. le comte de Clermont-Lodève, celui des gentilshommes d'honneur qui était auprès du prince, s'écria, avec l'accent de la plus vive douleur : « Puisque j'étais à côté de » Mgr le duc de Berry, puisque le monstre » qui l'a frappé ne voyait ni sa figure, ni la » mienne, que ne me perçait-il pour lui ! »

———

Le 13 février, à la représentation de l'Opéra, Mgr le duc de Berry revenant, au moment où le ballet commençait, de rendre visite, dans sa loge, à Mgr le duc d'Orléans et donnant le bras à la duchesse son épouse, la porte d'une loge s'ouvrit avec tant de vivacité, lorsqu'ils passèrent, que la duchesse fut renversée dans les bras de son époux, presque évanouie ; on fut obligé de lui faire respirer des sels. Il paraît que l'auteur involontaire de cet accident ne reconnut pas la princesse. Il continua son chemin, après avoir fait quelques excuses de civilité : on voit que cette fatale soirée s'annonçait déjà sous de tristes auspices.

On vit le duc de Berry, dans l'incendie des messageries, se confondre avec le peuple, se mêler aux travailleurs ; et dans le moment où le feu exerçait les plus terribles ravages, les animer par sa voix et son exemple.

M. le marquis de Lavèze, qui n'avait aux bienfaits de cet excellent Prince d'autres droits que son infortune, nous mande qu'il était comblé des marques de sa générosité. M. le marquis de Lavèze, en rendant publics les bienfaits jusqu'alors cachés, montre par sa reconnaissance combien il en était digne.

Le duc de Berry se trouvant à une affaire où un corps qui devait soutenir celui qu'il commandait n'avançait pas assez vîte au gré de sa bouillante ardeur, voulait s'élancer en avant de la mêlée, suivi d'un petit nombre des siens : un général lui observa qu'il courait le plus grand danger en s'exposant ainsi. *Que ceux*

qui sont en arrière courent, s'ils veulent arriver
avec moi, s'écria le Prince, un fils de France
ne sait pas attendre la gloire, il doit marcher
au-devant d'elle !

Le lendemain du jour où fut commis ce
crime affreux qui a jeté dans la consternation
toute la France, une scène vraiment touchante s'est passée aux Tuileries. Mgr le duc
de Bourbon était venu apporter quelques consolations aux douleurs qui déchiraient le noble
cœur de *Monsieur*. En vain plusieurs personnes
conjurèrent Mgr le duc de Bourbon de retarder
une entrevue si triste, et qui allait rouvrir les
plaies encore mal fermées de son cœur. « Non,
» répondit le prince, puisque je vis encore,
» je dois profiter des jours que la Providence
» m'a laissés, pour aider mon cousin à supporter
» un malheur que j'ai moi-même éprouvé. »
Lorsqu'on ouvrit les portes de l'appartement
de *Monsieur*, Mgr le duc de Bourbon ne put
résister aux sentimens douloureux qui se pressèrent dans son ame, ses forces l'abandonnèrent.
Monsieur se précipita aussitôt pour le soutenir,
et ces deux pères infortunés restèrent long-
temps enlacés dans les bras l'un de l'autre.

S. A. R. Madame la duchesse de Berry, en
se retirant à l'Elysée, le soir même de l'assassinat, fut accompagnée par *Madame*, duchesse
d'Angoulême; en arrivant chez elle, son premier soin fut de remettre à *Madame* ses diamans, en lui disant : « Ma sœur, je n'ai plus
besoin de cette parure ; prenez-la, je vous en
prie, et que le prix en soit consacré à la fondation d'un hospice. »

L'appartement occupé par S. A. R. Madame
la duchesse de Berry est entièrement tendu en
draperies noires, et éclairé en bougies jaunes.
S. A. R. porte continuellement un long voile
qui tombe jusqu'à terre ; les vêtemens de la
jeune princesse sa fille sont aussi couverts d'un
crêpe funèbre.

Après le funeste événement qui ravit à la
France un de ses plus fermes soutiens, Madame
la duchesse de Berry, dont le courage semble
encore, s'il est possible, surpasser la douleur,
a fait appeler toutes les personnes de sa maison,
et leur a dit avec bonté, que bien que la mort
du prince dût la priver des moyens de répandre
autant de bienfaits que par le passé, elle vou-

lait les garder tous auprès de sa personne, et consacrer sa médiocre fortune à leurs besoins et à ceux des malheureux. La princesse a ensuite distribué elle-même aux fidèles serviteurs de son auguste époux tous les objets de toilette, et les bijoux qui lui avaient appartenu. Elle a gardé seulement le peigne dont le duc se servait ordinairement. Cette scène a pénétré tous les assistans d'un religieux attendrissement. Ils se sont précipités aux pieds de la princesse, qui les a relevés en leur donnant à baiser une main qui a bientôt été arrosée de larmes.

Le consul de France à Anvers ayant appris qu'une superbe galerie de tableaux venait d'être mise en vente dans cette ville, écrivit au duc de Berry, dont il connaissait le goût pour ces sortes d'ouvrages, lui demandant s'il ne souhaiterait pas acquérir quelques-uns des objets qui composaient cette collection, et le priant de lui faire connaître ses intentions. Le prince lui répondit qu'il le chargeait de choisir lui-même ce qui lui paraîtrait mériter son attention, l'assurant de la manière la plus obligeante qu'il s'en rapportait entièrement à son jugement. Le consul écrivit de nouveau, et s'excusa, en disant que cette commission était au-dessus de ses forces, et le conjurant de lui envoyer un homme de confiance qui pût faire ce choix conjointement avec lui. Quelque temps après il reçut du Prince une réponse, dont voici la substance : « Mon cher monsieur Despalières, j'ai réfléchi à votre proposition, et j'ai résolu d'ajourner l'emplète dont je vous avais chargé : dans un temps où mes pauvres appellent toute ma sollicitude, je me reprocherais d'acheter si cher un plaisir dont je puis me passer.

Les sieurs Paulmier et Desbies ont reçu une pension du Roi. Des récompenses ont aussi été accordées par S. M. à ceux des employés supérieurs, et autres, de l'Opéra, qui ont eu l'honneur de donner des soins à Mgr le duc de Berry à ses derniers momens.

Toutes les personnes attachées à la maison du duc de Berry ont été prévenues que, pendant un an, elles continueraient de toucher leurs traitemens, honoraires, appointemens ou gages. On leur a dit, en outre, que si la Duchesse donnait le jour à un enfant mâle, elles seraient immédiatement attachées à son service.

Les détachemens de la garde nationale de Paris qui ont accompagné la dépouille mortelle de S. A. R. Mgr le duc de Berry, et qui ont porté les drapeaux de deuil placés autour du cénotaphe, avaient été invités à une halte militaire, que M. le maréchal commandant en chef avait fait préparer à Saint-Denis pour MM. les gardes nationaux de tous grades qui faisaient partie de ces détachemens. MM. les officiers et gardes nationaux des diverses légions, réunis sous les ordres de M. de Marmier, colonel de la 1re légion, ont, sur la proposition de M. Leclerc, capitaine des grenadiers du 3e bataillon de la 2e légion, fait une collecte en faveur des pauvres de Saint-Denis; et le produit de cette collecte, effectuée pendant la durée de la halte, a été porté sur-le-champ, par M. le colonel Marmier et M. le capitaine Leclerc, à M. le maire de Saint-Denis, qui en a fait témoigner toute sa reconnaissance à MM. les gardes nationaux qui faisaient partie des détachemens.

La garde nationale de Paris ne perd pas une seule occasion de venir au secours des malheureux; mais dans cette circonstance son action est plus remarquable. Après avoir rendu les derniers et tristes devoirs aux restes de S. A. R., les gardes nationaux n'ont pas cru pouvoir mieux honorer sa mémoire qu'en imitant le Prince dans une de ces bonnes actions qui lui étaient si familières.

La plus belle oraison funèbre des Princes est l'éloge qu'en fait le peuple après leur mort. Dans le nombre des témoignages si touchans et si expressifs de la douleur publique qui ont entouré le cercueil du duc de Berry, nous avons recueilli les faits suivans, qui nous paraissent propres à peindre mieux que tous les discours d'apparat, l'impression qu'a faite sur les différentes classes de la société l'affreux événement du 13 février.

Les dames de la halle, en corps, ayant été introduites dans la chapelle ardente du Louvre, et reçues dans la pièce qui précédait celle du catafalque, par M. de Gélin, elles prirent place auprès de l'un des autels. Au pied du cercueil elles déposèrent une couronne de fleurs, sur laquelle on lisait ces mots :

« Il est mort, mais il vivra toujours dans nos cœurs. »

Toutes ces dames étaient dans un profond recueillement ; des larmes abondantes coulaient de leurs yeux ; on les entendait répéter à l'envi :

« Il n'a jamais fait que du bien ; le matin même de sa mort, il avait encore envoyé mille francs pour les pauvres. »

Ayant aperçu M. le curé de Saint-Germain-l'Auxerrois, elles s'approchèrent de lui, et lui dirent :

« Notre bon curé, vous avez assisté sa tante dans ses derniers momens ; priez pour notre bon Prince, afin qu'il prie pour nous. »

S. A. R. Madame la duchesse de Berry a remis, le 2 mars, à M. Bougon, chirurgien ordinaire de Monsieur, une tabatière d'or, ornée du portrait de S. A. R. le duc de Berry : *C'est pour vous souvenir toujours de celui que vous avez soigné avec tant de zèle*, a dit la Princesse. Dans la nuit fatale où M. Bougon, n'écoutant que son zèle, pratiqua des succions répétées avant qu'on pût appliquer les ventouses, le Prince lui dit avec émotion, avec inquiétude : *Mon ami, que faites-vous ! La plaie est peut-être empoisonnée !* Le Prince traitait avec une bonté toute particulière M. Bougon, qui l'avait accompagné pendant les cent jours.

Un ancien émigré, totalement dépouillé de sa fortune, sollicitait une pension. Désespéré, après de nombreuses démarches, de ne point obtenir de réponse, il prend la résolution d'implorer la protection de Monseigneur le duc de

Berry. La croix de Saint-Louis qu'il porte sur sa poitrine, le fait admettre sans peine jusque dans le cabinet du Prince. Il est questionné et entendu avec le plus touchant intérêt : « Vous » courez le risque, lui dit enfin Son Altesse » Royale, d'attendre long-temps encore ; mais » il y aurait un moyen d'arranger votre affaire » sur-le-champ ; ce serait de toucher dès au- » jourd'hui chez moi le premier quartier de » votre pension, et d'y venir exactement par » la suite. » Le vieux chevalier, ému jusqu'au fond de l'âme, n'avait pas la force de répondre. Interprétant mal son silence : « Je sens, reprit » le Prince, qu'il vous serait plus doux de tenir » du Roi ce que je vous offre ici ; mais que votre » fierté n'en souffre pas ! Vous défend-elle d'ac- » cepter ce léger service d'un camarade et d'un » ami ? » Et en disant ces paroles, le digne fils du bon Henri lui tendait une main, que le vieux serviteur des Bourbons mouilla des larmes de la reconnaissance.

Dans son domestique le Prince était aussi bon qu'avec ses anciens compagnons d'armes. Un vieillard, nommé Manuel, portier de l'Elysée, mourut, il y a environ deux ans, dans le loge- ment qu'il occupait au palais. Lorsque S. A. R.

apprit la nouvelle de sa maladie, elle alla
de suite le voir, et lui fit donner par son
médecin les plus prompts secours; mais ils
furent inutiles. Monseigneur le duc de Berry
remit à la veuve une somme de 800 fr., en lui
adressant les paroles les plus consolantes, et lui
promit une place auprès de Madame la duchesse,
aussitôt qu'elle serait accouchée. Sa promesse
fut bientôt réalisée, et la veuve Manuel obtint,
après l'accouchement de la Princesse, une place
de 1200 fr., qu'elle a encore aujourd'hui.

Le duc de Berry s'entretenait un jour avec
M. de Forbin, directeur du Musée. On sait
combien le Prince aimait la peinture et combien
son goût était distingué. M. de Forbin se plai-
gnait de n'avoir pas, au Musée, un seul tableau
de Téniers. J'en possède, répondit le prince;
j'ai ce bonheur. Après ma mort ils iront au Musée, je les lui léguerai. Tout à la France, rien
de plus naturel, rien de plus doux pour mon
cœur. Quelques jours après, le Prince est frappé,
et, avant d'expirer, en faisant son testament, il
a expressément recommandé que ses tableaux
fussent portés au Musée. « Je l'ai promis, » a dit
le Prince.

Le palais du Louvre a offert, le 19 février, le spectacle le plus touchant et le plus douloureux. La garde nationale à cheval, la garde nationale à pied, la garnison de Paris, les membres de la Chambre des députés et de la Chambre des pairs, les tribunaux et les autorités de la capitale, les membres de l'Institut, furent présenter leur hommage funèbre aux dépouilles mortelles de Son Altesse Royale le duc de Berry, souvenir déchirant qui rappelait aux spectateurs ces jours de réception, où la foule se pressait autour du Prince que nous pleurons, où chacun recevait de lui un accueil si bienveillant! Parmi les militaires qui défilèrent devant le catafalque, on remarquait un vieil invalide, qui s'étant incliné au pied de l'autel, et regardant le crucifix, fit cette prière simple et touchante : « O mon Dieu! protège cette famille qui nous a fait tant de bien et fut si malheureuse ; ô mon Dieu! protège ce qui nous reste de la famille des Bourbons! » En prononçant à haute voix cette prière, le vieillard invalide fondait en larmes, et tout le monde pleurait avec lui.

On a rapporté qu'à l'instant où le char funèbre passait devant la maison n°. 14 du faubourg

Saint-Denis, une jeune dame enceinte, dont les yeux étaient depuis long-temps mouillés de larmes, tomba sans connaissance d'un échafaudage assez élevé; elle fut soutenue par les personnes dont elle était environnée; et ne revint de son évanouissement qu'à l'aide des soins empressés de M. le docteur de Senard, qui se trouvait présent.

Le 19 février, le quatrième régiment d'infanterie de la garde prit les armes en grande tenue pour la réception, comme chevalier de la Légion-d'Honneur, de Desbies (Jean-Pierre), qui a contribué à arrêter l'infâme Louvel.

Le régiment forma, avec ses trois bataillons, trois côtés d'un carré, les tambours placés au quatrième côté.

Le lieutenant-général marquis de Lauriston, délégué par Son excellence le grand chancelier de la Légion-d'honneur pour recevoir Desbies, se plaça au milieu du carré.

Il fit ouvrir un ban, et dit :

« Officiers et soldats,

» Le sang de Henri IV, le sang de vos Rois, le sang d'un Bourbon vient de couler sous le bras d'un exécrable assassin. Jamais on n'eût osé attaquer à force ouverte une vie si précieuse, défendue par vous, devant laquelle vous eussiez

14*

fait un rempart de vos corps. Il a fallu, pour y réussir, employer l'arme du traître, l'arme du lâche, l'assassinat !

» Officiers et soldats, redoublez donc de zèle, de vigilance surtout, pour conserver à la France, à votre patrie, le meilleur des Rois, des Princes, des Bourbons, qui, en toute occasion, et même contre leurs ennemis, ne montrent, comme Henri IV, que *valeur, franchise, bonté.*

» L'indignation dont vous êtes pénétrés s'est manifestée par le calme imposant de la vraie douleur, calme effrayant pour les traîtres.

» Votre Roi a vu dans sa garde royale, fidèle et dévouée, ce regret profond de n'avoir pu préserver du fer d'un assassin un Prince qui lui était si cher.

» L'ardeur de Desbies pour s'élancer et saisir l'assassin, a prouvé qu'il eût voulu sauver les jours de ce bon Prince aux dépens des siens. Tous ceux de service avec Desbies, dans ce lieu fatal, toute la garde royale, toute l'armée, la France entière, ont montré les mêmes sentimens.

» Venez, Desbies, venez recevoir, au nom de votre Roi, la décoration de la Légion-d'Honneur, récompense de la bravoure et de la fidélité; dites à vos camarades ce que vous avez éprouvé dans ce moment déplorable pour la France; dites-leur combien il vous eût paru doux et glorieux de verser votre sang pour ce Prince, l'objet de nos regrets éternels, pour ce Prince qui, touchant à son dernier moment, recueillait toutes ses forces pour demander à son Roi la grâce...... de qui? la grâce de l'homme qui l'avait frappé! Telle est la grandeur d'âme des Bourbons!

» Officiers et soldats, oui, vous couvrirez de votre corps; oui, vous défendrez au péril de la vie, votre Roi et l'auguste sang des Bourbons.

» *Vive le Roi! vivent les Princes! vivent les Bourbons!* »

Ces cris furent répétés vivement et à diverses reprises par les soldats et les spectateurs, et le ban fut fermé.

Un nouveau ban ayant été ouvert, Desbies s'avança, mit un genou en terre, le général lui lut le serment, après lequel Desbies dit : *Je le jure.*

L'accolade lui fut donnée par le général; le ban fut fermé.

Le régiment défila avec les tambours, sans que la musique se fît entendre.

———

Le maréchal-des-logis David arriva au même moment que le chasseur Desbies. Desbies saisit Louvel; et David saisit Paulmier et Louvel à-la-fois : *Ce n'est pas moi qui suis coupable*, s'écriait l'assassin ; et de son côté, Paulmier disait : *Moi, je suis innocent ; c'est lui* (montrant Louvel). *Marchez tous les deux*, répliqua David : *à la nuit tous les chats sont gris*.

Le garde royal Desbies, pendant cette discussion, assurait tenir le meurtrier qu'il n'avait pas perdu de vue, quoique, culbuté par Louvel au moment de sa fuite, il fût tombé sur une borne en s'élançant sur ses pas.

Les deux autres gendarmes, qui suivirent immédiatement le maréchal-des-logis David et saisirent Louvel, sont : Lavigne, de la première compagnie, et Baland, de la troisième.

L'assassin et Paulmier étant également mis en sûreté par David, il se porta aussitôt à l'endroit où le crime venait d'être commis, afin de se procurer les renseignemens nécessaires ; déjà un grand nombre de personnes entouraient la voiture du Prince, et obstruaient la porte du vestibule gardée par deux factionnaires.

Monseigneur le duc de Berry était assis sur une banquette, à droite, la tête appuyée contre le mur, soutenu d'un côté par Madame la Duchesse, et de l'autre par un valet de pied. Le Prince était mourant !

David, à l'aspect de Son Altesse Royale, s'adressa à la foule, demanda instamment qu'on lui enseignât le médecin ou le chirurgien le plus voisin : un jeune homme se présenta. « Je suis chirurgien, dit-il » (c'était M. Drogard); David le fit entrer aussitôt.

David et un valet de pied prirent le Prince par-dessous les cuisses et le montèrent dans le salon qui précédait sa loge ; là, M. Drogard chercha à connaître l'état de la blessure qu'on n'apercevait point. David, sur l'ordre de la Princesse, déboutonna l'habit et le gilet de S. A. R., et déchira sa chemise : alors l'affreuse plaie apparut : la poitrine et le ventre du Prince, étaient inondés de sang. Quel horrible spectacle pour Madame la Duchesse!....,. David resta auprès du Prince jusqu'à ce qu'on le vînt appeler pour confier Louvel à sa surveillance particulière.

M. Courtin, administrateur de l'Académie royale de Musique, s'empressa aussi de donner les premiers soins; mais obligé, comme plusieurs autres personnes, de se retirer pour ne point gêner le Prince, dont on annonçait que l'état était moins dangereux, il s'éloigna, croyant qu'on n'avait plus rien à craindre pour la vie de S. A. R.

Mgr. le duc d'Angoulême, en arrivant, s'élança sur le corps de son auguste frère et baisa plusieurs fois la plaie qu'il ignorait alors n'être pas empoisonnée.

M. le lieutenant-colonel Lainé, dont la vigilance est connue, s'était trouvé à l'arrivée du Prince à l'Opéra ; toujours accompagné d'un ou de deux gendarmes, sa présence arrêta peut-être le bras de l'infâme Louvel à huit heures du soir : si le Prince et la Princesse eussent assisté au spectacle jusqu'à la fin, il est probable que, ce jour-là, l'assassin n'aurait point exécuté son horrible projet ; le baron Lainé, qui avait à visiter trente-deux postes, ayant fait ses dispositions pour être de retour avant la sortie de l'Opéra, arriva en effet dix minutes après l'événement. Au surplus, que peuvent toutes les suppositions, toutes les précautions, contre la destinée ?

Ainsi que nous l'avions annoncé à nos lecteurs, nous terminons ce qui est relatif à Leurs Altesses Royales Monseigneur le duc et Madame la duchesse de Berry, par une héroïde, dans laquelle on a essayé d'exprimer les sentimens d'amour et de tendresse qui animaient le cœur de ce bon Prince pour la France et son auguste épouse.

HÉROÏDE.

S. A. R. LE DUC DE BERRY, MOURANT,

A SON ÉPOUSE.

Je vais mourir, mes yeux ne verront plus tes charmes,
Et les tiens à jamais seront noyés de larmes.
Adieu, de nos amours garde le souvenir ;
Déjà pour ton époux se ferme l'avenir !....
Je descends dans la tombe au printemps de ma vie,
Un perfide assassin, hélas ! me l'a ravie !....
Français, dont j'admirai la brillante valeur,
J'eusse voulu pour vous la perdre au champ d'honneur.
On survit au trépas dès qu'on meurt avec gloire,
Le front ceint des lauriers que donne la victoire.
Ah ! je vous le demande, au nom du Grand-Henri !
Lorsque vous parlerez du malheureux Berry,
Accordez un regret, une larme à ma cendre.
De gémir sur mon sort qui pourrait se défendre ?
Dites : Il nous aimait. Cet espoir, je le sens,
Me soutient, me console à mes derniers momens....
Il me faut tout quitter, parens, amis, patrie....
Une fille au berceau.... mon épouse chérie.....
Ma Caroline, hélas ! calme ton désespoir,
Et prends soin de tes jours ; pour toi c'est un devoir.
De Louis, dont la main va fermer ma paupière,
Tu peux, avec ma sœur, prolonger la carrière...

Que ton cœur, par ma mort, ne soit point abattu :
A ce fatal revers oppose la vertu,
Sois fille des Bourbons et donne un bel exemple !
Songe qu'en ce moment l'univers te contemple.....
Et que nos chers enfans disent avec orgueil,
Lorsqu'ils viendront un jour pleurer sur mon cercueil :
Si le destin cruel nous priva d'un bon père,
Nous l'avons retrouvé dans la plus tendre mère ;
Elle sut nous montrer le chemin de l'honneur,
Et puisait ses leçons dans le fond de son cœur.
Je reconnaîtrai là ma chère Caroline.....
Adieu, puisse toujours la clémence divine
Sur la France et sur toi répandre ses bienfaits!...
Ce sont de ton époux les uniques souhaits....
La mort lève sa faulx.... Adieu, ma bien-aimée,
Mon âme prend l'essor... J'aperçois l'Elysée....
Je vais y retrouver nos illustres aïeux....
Ne vivant plus pour toi, je suis moins malheureux...
Dans ce séjour de paix ton ami va t'attendre....
Lorsqu'il en sera temps, je t'y verrai descendre;
Nous serons réunis.... Souviens-toi que la mort
Ne doit point t'effrayer ; c'est entrer dans le port,
Et goûter le repos après un long voyage.
Le coupable la craint : l'homme juste, le sage,
Y trouvent le vrai bien, se rapprochent de Dieu.
Je vole dans son sein, ma Caroline ; adieu

Pour compléter, autant qu'il est en notre
pouvoir, ce que nous avons dit des vertus, de la
bienfaisance et de tant d'autres grandes qualités
qui distinguaient Son Altesse Royale Monseigneur le duc de Berry, nous croyons bien
mériter de nos lecteurs en leur offrant un
extrait de l'oraison funèbre prononcée par
M. l'archevêque de Trajanopole, coadjuteur
de Paris. Cet éloquent ouvrage place son auteur
au rang des grands orateurs qui ont illustré la
chaire et les lettres. Pour rendre un juste
hommage au panégyriste du Prince, il faudrait
insérer ici l'oraison funèbre en entier ; mais les
bornes que nous nous sommes prescrites ne
nous le permettent pas. Après un exorde pom-
peux et digne de son sujet, l'orateur parlant
de la mort de Son Altesse Royale, s'écrie :

« Perdre un Bourbon, quel malheur pour la
France ! perdre un Bourbon semblable à celui
qu'elle a perdu, quel surcroît de malheur !
perdre un Bourbon dans le temps et les circonstances où elle l'a perdu, quel excès de
malheur !

» La France ne peut perdre un Bourbon,
Messieurs, sans qu'aussitôt le souvenir de ce
qu'elle doit à cette famille auguste ne vienne

se retracer à son esprit et lui faire sentir toute la douleur de sa perte. Famille choisie pour son bonheur et pour sa gloire, race privilégiée, à laquelle nous pouvons appliquer, sans orgueil comme sans flatterie, les éloges décernés dans nos livres saints aux conducteurs du peuple d'Israël. Hommes grands en puissance, mais aussi grands en sagesse, qui gouvernèrent leurs États avec tant de noblesse et de prudence ; qui nous ont laissé de si beaux modèles de force et de courage, et, ce qui vaut mieux encore, de si beaux modèles de vertus : la gloire qu'ils se sont acquise a traversé les siècles, et nous les louons encore pour ce qu'ils ont fait dans leur vie.

» En effet, Messieurs, sous quelque point de vue qu'on envisage l'histoire des Bourbons, du côté de leur origine ou de leurs brillantes alliances, du côté des peuples nombreux auxquels ils ont donné des maîtres, ou de l'étendue du royaume dont ils ont si prodigieusement augmenté le territoire ; du côté de l'administration et des lois, du gouvernement et de la politique, des sciences et des arts, des talens et des vertus militaires ; du côté des Princes qui ennoblirent la patrie, et des Princesses qui embellirent d'autres contrées ; du côté de ceux qui nous commandèrent, et de celles qui, ne pouvant régner sur nous, dominèrent sur nos cœurs par l'empire de leur bienfaisance et de leur bonté, il n'est pas un Français, il n'est pas un savant, il n'est pas un soldat, il n'est pas un chrétien, que dis-je? il n'est pas un étranger, il n'est pas une nation, quelque rivale qu'on la suppose, qui ne soit forcée de convenir qu'il n'y a rien sous le soleil qui surpasse la grandeur de cette très-chrétienne maison de France; il n'est personne qui ne reconnaisse que rien ne lui a manqué de ce qui doit lui assurer l'affection des peuples et l'admiration de l'univers.

» Oui, Messieurs, et c'est ce qui ne justifie que trop la vivacité de nos regrets et l'abondance de nos larmes, le duc de Berry devait faire aussi, à l'exemple de ses aïeux, la gloire et le bonheur de notre France. Déjà il en était l'ornement, en attendant qu'il en fût les délices ; et nous pouvons lui appliquer avec vérité ces paroles de l'Ecclésiastique, parlant d'un Prince de la famille de David : Il marcha généreusement dans la voie de ses pères. *Fortiter ivit in via patris sui.* Hélas ! devions-nous ajouter sitôt : Cette constance ne se démentit point entre les bras de la mort, et la fin de sa vie n'a fait que nous révéler les qualités de son grand cœur : *Spiritu magno vidit ultima.* »

Il parle ensuite de son éducation, des dispositions de l'esprit et des heureuses qualités dont était doué le Prince; du moment où il entra dans la carrière des armes. Il peint son caractère, sa bienfaisance, et dit :

« L'éducation du jeune duc fut confiée à des mains habiles et religieuses, à des maîtres capables non-seulement de lui donner les leçons de la véritable sagesse, mais encore à les appuyer par des exemples.

» Nos troubles politiques vinrent interrompre ses études, jeter le jeune prince dans la carrière des armes, et lui donner occasion de développer ces vertus militaires qui avaient coulé dans ses veines avec son sang. Le duc de Berry combattait alors, dès le premier âge, sous les yeux de celui qui devait un jour devenir son Roi et le nôtre, dans cette armée commandée par trois Condés.

» Sous de tels capitaines le duc de Berry n'eut besoin, pour se perfectionner, que de se laisser aller à son penchant naturel. Aussi devint-il bientôt l'idole du soldat, les délices de ses augustes chefs, l'honneur de l'armée, tant il montrait d'aptitude et de talens : un coup-d'œil sûr, une précision de mouvemens sans égale, une exactitude rigoureuse pour la discipline, une sévère vigilance à la maintenir, et avec cela une valeur à toute épreuve, un courage plein d'audace, et un élan qui entraînait tout après lui.

» Quel est l'officier français, Messieurs, qui ne se fût senti transporté en entendant cette réponse noble et fière du duc de Berry aux prudentes représentations d'un général étranger, dans une circonstance où le Prince s'était élancé avec un petit nombre des siens hors de la ligne chargée de soutenir son action, et qui ne s'ébranlait pas assez vîte au gré de son ardeur : *Que ceux qui sont en arrière courent, s'ils veulent arriver avec moi : un fils de France ne sait pas attendre la gloire, il doit marcher au-devant d'elle.* Avec vous, Messieurs, il ne faut qu'un mot semblable pour gagner des batailles : aussi le Prince était-il persuadé qu'il lui eût été aussi facile qu'à un autre de vous conduire à la victoire et de conquérir le monde à la tête de nos soldats.

» Laissons à l'histoire, Messieurs, le soin de recueillir mille autres traits qui signalèrent la vie militaire du duc de Berry; disons seulement, pour achever cette partie de son éloge, qu'un grand Prince dont le nom vivra à jamais dans les fastes de l'armée française, et dont l'estime honorera toujours un guerrier ; que le prince de Condé l'aimait comme son fils, et qu'il ne crut pas pouvoir, en mourant, mieux consoler la constance, la valeur, les services et les souffrances si prolongées de ses anciens compagnons d'armes, que de prier le duc de Berry de leur servir de protecteur auprès du Roi.

» Mais si l'histoire fidèle s'occupe à retracer, Messieurs, les vertus militaires du duc de Berry, elle ne sera pas moins fidèle à retracer toutes les autres qualités que le temps nous permet à peine de compter ; elle dira son habileté et ce tact si délicat dans les affaires, lorsque la nécessité ou l'obéissance l'obligèrent à y prendre part ; son amour pour les lettres et les sciences, qui lui faisait encourager tous les talens utiles ; l'ordre et l'économie qu'il savait établir dans sa maison ; et elle fera remarquer combien cette sagesse intérieure et domestique eût pu devenir avantageuse à la prospérité de l'Etat. Elle dira sa bonté pour ses amis, et sa générosité, qui lui fit plus d'une fois partager avec eux des ressources dont il avait besoin pour lui-même ; son affabilité, le soin qu'il prenait de ses serviteurs, et quel fut l'attachement de tous ceux qui l'approchèrent. Elle dira même l'impétuosité de son caractère, qui, emporté par ces premiers mouvemens dont peu de personnes sont les maîtres, affligea quelquefois, malgré lui, des cœurs sensibles, et fidèles jusqu'à tout supporter mais qui, modérée par l'âge, eût été si précieuse.

» Mais ce que l'histoire ne dira jamais, ce que nous ne pourrons jamais assez louer, ce que les larmes des pauvres publient, ce qui retentit de toutes parts dans la capitale, ce qui se répète d'un bout à l'autre du royaume, ce qui passera de bouche en bouche et de génération en génération dans les familles malheureuses, ce qui rend éternelle la mémoire du prince, c'est sa bienfaisance continuelle, ses aumônes immenses, sa charité inépuisable, et toute la grâce avec laquelle il savait doubler le bienfait. »

Passant ensuite aux détails de l'affreux assassinat, il ajoute :

« J'ai à proposer de grands exemples, Messieurs, et non pas à émouvoir de grands sentimens ; je dois chercher à vous instruire plus encore qu'à vous toucher.

» N'attendez donc pas que, vous transportant sur le lieu même de l'horrible catastrophe, je m'arrête à vous en faire la peinture déchirante ; l'idée s'en affaiblit à mesure qu'on essaie de la retracer : ne demandez pas que je vous représente la maison des plaisirs changée tout d'un coup en une maison de deuil ; une jeune et tendre épouse couverte du sang de son époux, préparant à la hâte, mais avec une présence d'esprit qui n'appartient qu'à la piété conjugale, la couche funèbre où elle va recevoir ses derniers embrassemens, et dressant de ses propres mains l'autel où vont être brisés les doux nœuds de son alliance; les yeux des guerriers humides de pleurs, de nombreux serviteurs arrivant en foule, des hommes qui ne peuvent assez étouffer leurs sanglots, et des femmes désolées qui ne peuvent cacher assez les parures qui ornent leurs têtes; une famille en larmes; un Roi dans l'accablement; une Princesse nourrie de malheurs, mais plus forte que tous les malheurs ensemble, dominant cette scène de désolation et d'épouvante, comme un cèdre majestueux accoutumé aux tempêtes ombrage les ruines amoncelées à ses pieds;.... et tout près de là un assassin tranquille.....

» Mais non, Messieurs, rien ne doit nous distraire de l'admirable et consolant spectacle que nous offre l'héroïsme d'un Prince au milieu de tant d'objets capables d'ébranler la constance la mieux affermie. Il faut le voir tout seul aux prises avec un trépas long et cruel, devenu maître dans le plus difficile de tous les arts, celui de bien mourir. »

Après avoir tracé ce funèbre tableau, il continue avec autant d'éloquence que de sensibilité.

« Le duc de Berry avait des amis dévoués, des

serviteurs fidèles, et nous avons vu qu'il méri-
tait d'en avoir : il pense à leur sort avec une
généreuse sollicitude ; et, pour leur laisser à
tous une marque de son souvenir perpétuel,
il veut, *avant de mourir, embrasser le premier
de tous et le plus ancien.* Il avait une épouse,
et nous savons ce qu'ils étaient l'un pour l'autre ; il lui exprime toute sa tendresse, en l'assurant qu'il *ne peut mourir heureux qu'entre
ses bras.* Il avait une fille, *chère enfant*, ca-
pable à peine de sourire à ses caresses ; *il la demande, il la bénit, et lui souhaite d'être moins
malheureuse que sa famille.* Il avait un Roi,
sur la main duquel il désire appliquer ses lèvres éteintes, pour lui donner un dernier gage
de dévoûment et de respect. Il avait une patrie ; ses derniers vœux furent pour elle.....»

Il peint ensuite le prince qui, oubliant ses
souffrances, demande au Roi la grâce de son
assassin, et donne, sur son lit de mort, un
exemple de générosité, de grandeur d'âme, aussi
rare qu'extraordinaire.

« A peine le duc de Berry avait-il recouvré
l'usage des sens et de la parole, qu'entrant
aussitôt dans les plus généreux sentimens, il
sollicita le pardon de celui qui venait de lui
arracher la vie. Il conjure son père et son Roi
d'avoir égard à sa prière ; il recouvre des forces

pour tâcher d'obtenir, avec un grand cri, la grâce du coupable ; enfin, au milieu des angoisses qui annoncent sa dernière heure, il redouble ses instances, afin d'être exaucé. Calme pour tout le reste, il ne témoigne d'inquiétude que pour ce seul objet, et il ne regrette la vie que parce qu'il espère qu'en ne mourant pas il pourra sauver du supplice un traître et indigne Français. Ah ! puisse au moins tant de générosité toucher son cœur de bronze, et l'incliner au repentir !

» Le duc de Berry n'est plus ! et sa mort, qui nous a fourni de si beaux exemples, nous a donné aussi de terribles, mais salutaires leçons. »

Puis s'adressant aux restes inanimés du Prince.

O Prince, cher et digne objet de nos larmes ! on dit qu'à votre lit de mort vous regrettâtes, en présence des valeureux chefs de l'armée, de n'avoir pu verser votre sang en combattant pour la France !

» Ah ! Prince ! consolez-vous, ne regrettez ni la vie, ni la manière dont vous l'avez perdue ; il n'importe le lieu, il n'importe le tems, il n'importe la main, vous aurez servi la patrie plus que vous ne l'eussiez fait à la tête de légions triomphantes, plus que si vous eussiez arrosé les champs de bataille de votre sang généreux!..... Vous pouvez dormir le glorieux sommeil de vos pères; car en mourant, vous aurez remporté la plus éclatante et la plus désirable des victoires! »

L'orateur inspiré par un de ces mouvemens oratoires qui s'échappent de l'âme, termine ainsi:

« Répétons-la tous ensemble, Messieurs, cette prière nationale et chrétienne qui pénétrera les cieux, par la vertu immortelle du sacrifice que nous allons achever; le duc de Berry nous répondra du haut du céleste séjour: répétons-la, mais avec la volonté généreuse de seconder par la fidélité, par le dévoûment, par la mort même, s'il le faut, les desseins de la Providence.

» Grand Dieu! sauvez le Roi; qu'accablé de peine, il trouve cependant *quelque joie dans la protection de votre droite et dans la force que vous lui donnerez; réduisez au néant tous ses ennemis; multipliez ses jours malgré leurs efforts, afin qu'il puisse davantage étendre la gloire de votre nom!*

» Grand Dieu! sauvez le Roi, sauvez les princes et princesses de son sang; sauvez son espérance et la nôtre; épargnez la dernière étincelle de David, et rallumez son flambeau presque éteint!..... Grand Dieu! sauvez le Roi!!! »

Nous ne nous permettrons pas de faire l'éloge de cette oraison funèbre, elle se recommande elle-même à nos lecteurs ; ce que nous en dirions affaiblirait la haute idée qu'elle donne du génie et des talens de son auteur.

Mânes augustes, pardonnez si j'ai osé m'associer à votre immortalité en cherchant à retracer vos vertus, votre magnanimité, cette bienfaisance si douce, si active, qui agitait sans cesse votre cœur, et qui vous occupait encore à vos derniers momens. Tous ceux qui, comme moi, se sont honorés en publiant vos belles et vos bonnes actions, échapperont, grâce à vous, à l'oubli qui ne dut jamais être votre partage, et il vous fut toujours permis de dire, lors même que vous ne pouviez prévoir le coup funeste, l'horrible attentat qui vous ravit à notre amour :

> Non omnis moriar ; multaque pars mei
> Vitabit libitinam : usque ego posterâ
> Crescam laude recens.....

FIN.

TABLE

DES MATIERES.

Fin de la Table.

www.ingramcontent.com/pod-product-compliance
Lightning Source LLC
Chambersburg PA
CBHW051244050726
47594CB00001B/300